记忆中国·名家自述

笔尖斗士
邹韬奋自述

宋宗恒 编

河南人民出版社
·郑州·

图书在版编目（CIP）数据

笔尖斗士：邹韬奋自述 / 宋宗恒编 . --郑州：河南人民出版社，2025.1

ISBN 978-7-215-13489-8

Ⅰ.①笔… Ⅱ.①宋… Ⅲ.①邹韬奋（1895–1944）-文集 Ⅳ.① C53

中国国家版本馆 CIP 数据核字（2024）第 028468 号

河南人民出版社 出版发行

（地址：郑州市郑东新区祥盛街27号　邮政编码：450016　电话：0371-65788072）

新华书店经销　　　　环球东方（北京）印务有限公司印刷

开本：710 mm × 1000 mm　1/16　　　　　　　　印张：17

字数：195千

2025年1月第1版　　　　　　　　　　2025年1月第1次印刷

定价：68.00元

目 录 CONTENTS

第一辑 经历与回忆

开头的话 ……………………………………………… 003
二十年来的经历 ……………………………………… 006
  一 永不能忘的先生 ………………………… 006
  二 工程师的幻想 …………………………… 008
  三 大声疾呼的国文课 ……………………… 011
  四 课外阅读 ………………………………… 014
  五 写作的尝试 ……………………………… 016
  六 新闻记者的作品 ………………………… 019
  七 英文的学习 ……………………………… 021
  八 修身科的试卷 …………………………… 024
  九 幻想的消失 ……………………………… 027
  十 青年"老学究" …………………………… 030
  十一 踏进了约翰 …………………………… 032
  十二 深挚的友谊 …………………………… 035

十三	苦学时代的教书生涯	037
十四	初出茅庐	040
十五	三星期的练习	043
十六	新饭碗问题	046
十七	编译的教训	049
十八	英文教员	051
十九	外国文和外国教师	054
二十	一个基本原则	056
二十一	进一步的研究	059
二十二	写作中的"积蓄"	062
二十三	一种有趣味的工作	064
二十四	现实的教训	067
二十五	一幕悲喜剧	069
二十六	一年的练习	072
二十七	聚精会神的工作	075
二十八	一个小小的过街楼	077
二十九	转变	080
三十	几个原则	082
三十一	社会的信用	085
三十二	立场和主张	087
三十三	深夜被捕	090
三十四	到捕房	093
三十五	铁格子后面	095
三十六	高三分院	098

目 录

三十七　再被羁押 …………………………………… 102

三十八　同情和厚意 ………………………………… 104

三十九　地方法院 …………………………………… 108

四十　押在公安局 …………………………………… 110

四十一　高等法院 …………………………………… 113

四十二　看守所 ……………………………………… 116

四十三　临时的组织 ………………………………… 118

四十四　我们的"家长" ……………………………… 121

四十五　"难兄难弟"的一个 ………………………… 126

四十六　"难兄难弟"的又一个 ……………………… 128

四十七　"难兄难弟"的又一个 ……………………… 130

四十八　"难兄难弟"的又一个 ……………………… 132

四十九　一个"难妹" ………………………………… 134

五十　"六个人是一个人" …………………………… 137

五十一　前途 ………………………………………… 140

在香港的经历 ………………………………………… 143

一　波动 ……………………………………………… 143

二　贫民窟里的报馆 ………………………………… 146

三　惨淡经营之后 …………………………………… 149

四　一个难关 ………………………………………… 152

五　新闻检查 ………………………………………… 154

六　一个有利的特点 ………………………………… 157

七　种种尴尬 ………………………………………… 159

八　一只大笨牛 ……………………………………… 162

附　我的母亲 ·· 165

第二辑　西行杂谈

船上的民族意识 ·· 173

海上拾零 ··· 176

月下中流——经苏彝士河 ·· 180

海程结束 ··· 184

威尼斯 ·· 188

世界公园的瑞士 ·· 192

巴黎的特征 ·· 197

在法的青田人 ··· 201

由巴黎到伦敦 ··· 205

曼彻斯特 ··· 209

利物浦 ·· 213

游比杂谈之一 ··· 218

游比杂谈之二 ··· 224

谒列宁墓 ··· 230

开放给大众的休养胜地——克里米亚 ···························· 234

雅尔达 ·· 238

由大瀑布到大工厂 ··· 244

又看到几个"大" ·· 252

美国青年运动 ··· 261

第一辑　经历与回忆

第一辑 经历与回忆

开头的话

时间过得真快！在我提笔写这篇《开头的话》的时候，离开这本书的脱稿又有两个多月了。在这两个多月里面，我和几位朋友在羁押中的生活和以前差不多。关于我自己在这时期内的"工作"，完成了两本书，除这本《经历》外，还有一本是《萍踪忆语》；随后把我从香港回上海后所发表的文章略加整理，编成一书，名叫《展望》；同时看了十几本书。我个人在这几个月羁押中所得的只是这一点点微小的收获；但是睁开眼看看中国时局的变化，却有了值得特别注意的新的形势——渐渐地走上和平统一的道路。依政府当局的表示，在国际主张参加集体安全，也就是参加反侵略的阵线；在国内主张保全国力以救亡图存；关于民族敌人的侵略，加强保全领土主权的决心；关于国民大会和制宪问题，准备有所改进；关于释放政治犯，集中人材，和开放言论，也有比较具体的表示。事实上的表现虽还有待于全国上下的继续努力，但是一线曙光的显露，却已给与国事前途以转机的可能性。这可能性的大小，全视今后全国上下努力程度为转移。我们国民此后应该格外努力的是：一方面要从种种工作上更充实团结御侮的内容，一方面要用种种方法督促并协助政府实现民主政治。民主政治的忠实执行，对于民众救国运动的民权有切实的保障，正所以增加全国一致救亡的力量，所以这两方面实在有着密切的联系。这一点也许可以作为本书立场和主张的补充。

关于这本《经历》，还有几句话想附带提及的，就是这本书并非什么自传，我也够不上有什么自传，只不过就我二十年来的生活过程中抽出一些关于就学就业的经历片段，和关心我的好友们谈谈，其中或者不无一些可供青年朋友们的参考，如此而已。这本书的写成，也许还靠我的被捕，因为在外面也许有更重要的文字要写，没有时间来写这样的书；而且在羁押中写别的著作，参考材料不易带，只有写这样回想的东西，比较地便当些，所以无意中居然把它写完了。

我很愉快地有机会把同时被捕的几位朋友的可贵的经历记下来，为本书增光不少。我近来发现自己对于写传记的兴趣特别浓厚，这几篇关于几位朋友的记述，便是在这样的心境中写的。关于传记，我以前只是用过因公和落霞的笔名，替《生活周刊》写过几篇名人小传，后来编译过一本二十万字的《革命文豪高尔基》，但是最近才深切地觉得自己对这件事有着特别浓厚的兴趣，很想以后再多多研究历史，勉励自己做个传记家，更希望能有机会替民族解放的斗士们多著几本有声有色的传记。我是个新闻记者，就记者的立场说，虽在不自由的境域中，写了关于这几位朋友的记述，对于新闻记者的"任务"总算也尽了一些，因为所记关于这几位朋友的生平，也就等于访问记。同时我应该乘此机会谢谢这几位朋友。本书里"同在羁押中"的几张相片是承沙千里先生摄赠的，也附此志谢。

　　我们在羁押中，除看书、写作和运动外，大家对各种问题也时有讨论。关于讨论问题，我们的"家长"（沈钧儒）常说起两句话，那就是"主张坚决，态度和平"。我觉得这两句话实在可以作为我们的座右铭，所以特别提出来转赠给读者诸友。这里所谓主张，当然是指合理的切合现实的主张；如果现实变化了，主张需要修正，或甚至更换，那又是另一回事了。所谓和平是指在讨论或说服的时候，用不着面红耳赤，大声咆哮，因为这并不能丝毫增加你的理由！

　　最后我要践约报告读者诸友的，是我和同时被捕的几位朋友已于四月三日经江苏高等法院提起公诉了。这是很出乎我们意料之外的。公诉的结果怎样，将来有机会时再奉告吧。

韬奋记于苏州
二十六年四月三日

二十年来的经历

一　永不能忘的先生

曾经偶然在西报上的"补白"里看到这两句怪有趣的话：

"A gossip is one who talks to you about others; a bore is one who talks to you about himself."

如把这两句话勉强译成中文，大意也许可以这样说："喜欢闲谈的人，就是对你瞎谈着别人的事情；令人讨厌的人，就是对你尽谈着关于他自己的事情。"我说"勉强译成"，因为一种文字的幽默意味，最难一点不走漏地译成别一种文字，但是无论如何，大意是可以明白的了。我尤其注意第二句，即"令人讨厌的人，就是对你尽谈着关于他自己的事情"。一个人谈到自己的事情，往往要罗罗嗦嗦地拖泥带水地说个不完，使人听了感觉到厌烦，诸君也许已经有过这样听得不耐烦的经验吧。我有鉴于此，所以向来对于"自述"一类的文字不愿写。

最近因为在香港办了几个月的报，回到上海以后，有不少朋友问起在香港的情形，我便写了好几篇《在香港的经历》（登在《生活星期刊》），原来不过随笔写来，拉杂谈谈而已，不料有好多读者写信来勉励我要多写一些，大概还不觉得怎样厌烦；但是在香港几个月的经历就不过那一些，所以登了九期就把它结束了。可是经读者的这样怂恿，我又转着念头，想要尝试写几篇《二十年来的经历》，不知道要不要引起诸君的厌烦。倘若读者听得厌烦，我希望不客气地写信来警告一下，我便可提早结束，或不再写下去。

我这二十年来的经历，想从小学时代谈起。当时我所进的是南洋公学附属小学，校长是沈叔逵先生。他是一位很精明干练的教育家，全副精神都用在这个小学里面，所以把学校办得很好。我们那一级的主任教员是沈永癯先生，他教我们国文和历史——我最感兴趣的科目。他那样讲解得清晰有条理，课本以外所供给的参考材料的丰富，都格外增加了我的研究兴趣。我尤其受他的熏陶的是他的人格的可爱。我这里所谓人格，是包括他的性格的一切。他的服饰并不华丽，但是非常整洁，和我所不喜欢的蓬头垢面的自命名士派的恰恰相反。他对于所教授的科目有着充分的准备，我对于他所教的科目有任何疑难，他都能给我以满意的解释。他教得非常认真，常常好像生怕我们有一句一字不明了；他的认真和负责的态度，是我一生做事所最得力的模范。他并没有什么呆板的信条教给我，但是他在举止言行上给我的现成的榜样，是我终身所不能忘的。我自己做事，没有别的什么特长，凡是担任了一件事，我总是要认真，要负责，否则宁愿不干。这虽然是做事的人所应该有的起码的条件，但是我却永远不能忘却永癯先生给我的模范。此外令我倾倒的是他的和蔼可亲的音容。他对于学生总是和颜悦色的，我从来没有看见他动过气；我上他的课，比上任何人的课都来得愉快。但是他所以得到学生的敬爱，并不是由于姑息、随便、撒烂污，却是由于认真而又不致令人难堪。我当时敬爱这位先生的热度可以说是很高很高，但是并未曾对他表示过我的这样的心意。现在这位良师已去世多年了，可是我一生不能忘记他。

当时我们的一级里只有二十个同学，因为人数少，彼此的个性相知很深，现在有的做医生，有的做律师，有的做工程师，有的服务于邮政局。陆鼎揆律师也是当时同级里的同学之一。在国文一课，我们俩是劲敌。每星期有一次作文，永瘫先生批卷很严：最好的文章，他在题目上加三圈，其次的加两圈，再次的加一圈；此外仅于一篇之中比较有精彩的句子的点断处加双圈。每次文卷发下来的时候，大家都好像迫不及待地探听谁有着三圈，谁有着两圈，谁有着一圈，乃至于下课后争相比较句子点断处的双圈谁多。有的同学紧紧地把文卷藏在课桌的抽屉里，压在重重的课本下，生怕有人去偷看它，那很显然地是一个双圈都没有！当时我们那种竞赛得津津有味的神情，大家都感觉到很深切的兴趣。有了这样的竞赛，每星期都受着一次推动，大家都的确容易有进步。

二　工程师的幻想

我的父亲所以把我送进南洋公学附属小学，因为他希望我将来能做一个工程师。当时的南洋公学是国内数一数二的工程学校，由附属小学毕业可直接升中院（即附属中学），中院毕业可直接升上院（即大学），所以一跨进了附属小学，就好像是在准备做工程师了。我在那个时候，不知道工程师究竟有多大贡献，模模糊糊的观念只是以为工程师能造铁路，在铁路上做了工程师，每月有着一千或八百元的丰富的薪俸。父亲既叫我准备做工程师，我也就冒冒失失地准备做工程师。其实讲到我的天性，实在不配做工程师。要做工程师，至少对于算学、物理一类的科目能感到浓厚的兴趣和特殊的机敏。我在这方面的缺憾，看到我的弟弟在这方面的特长，更为显著。我们年纪很小还在私塾的时候，所好便不同。当时我们请了一位老夫子在家里教着"诗云子曰"，并没有什么算学的功课，但是我的弟弟看见家里用的厨子记账的时候打着算盘，就感觉到深刻的兴趣，立刻去买了一本《珠算歌诀》，独自一人学起什么"九归"来了。我看了一点不感觉兴味，连袖手旁观都不干。我只有趣味于看《纲鉴》，读史论。后来进了小学，最怕的科目便是算学。当时教算学的是吴叔厘先生。他的资格很老，做了十几年的算学教员，用的课本就是他自己编的。我看他真是熟透了，课本里的每题答数大概他都背得出来！他上课的时候，在黑板上写着一个题目，或在书上指定一个题目，大家就立刻在自己桌上所放着的那块小石板上，用石笔的答答地算着。不一会儿，他老先生手上拿着一个记分数的小簿子，走过一个一个的桌旁，看见你的石板上的答数是对的，他在小簿上记一个记号；看见你的石板上的答数不对，他在小簿上另记一个记号。我愈是着急，他跑到我的桌旁似乎也愈快！我的答数对的少而错的多，那是不消说的。如我存心撒烂污，那也可以处之泰然，但我却很认真，所以心里格外地难过，每遇着上算学课，简直是好像上断头台！当时如有什么职业指导的先生，我这样的情形一定可供给他一种研究的材料，至少可以劝我不必准备做什么工程师了。但是当时没有人顾问到这件事情，我自己也在糊里糊涂中过日子。小学毕业的时候，我的算学考得不好，但是总平均仍算是最多。在名次上仍占着便宜。刚升到中院后，师友们都把我当作成绩优异的学生，只有我自己知道在实际上是不行的。

但是大家既把我误看作成绩优异的学生，我为着虚荣心所推动，也就勉为其难，拼命用功，什么代数哪，几何哪，我都勉强地学习，考的成绩居然很好，大考的结果仍侥幸得到最前的名次，但是我心里对这些课目，实在感觉不到一点兴趣。这时候我的弟弟也在同一学校里求学，我们住在一个房间里。我看他做算学问题的时候，无论怎样难的题目，在几分钟内就很顺手地得到正确的答数；我总是想了好些时候才勉强得到，心里有着说不出的烦闷。我把这些题目勉强做好之后，便赶紧把课本搁在一边，希望和它永别，留出时间来看我自己所要看的书。这样看来，一个人在学校里表面上的成绩，以及较高的名次，都是靠不住的，唯一的要点是你对于你所学的是否心里真正觉得很喜欢？是否真有浓厚的兴趣和特殊的机敏？这只有你自己知道，旁人总是隔膜的。

我进了中院以后，仍常常在夜里跑到附属小学沈永癯先生那里去请教。他的书橱里有着全份的《新民丛报》，我几本几本地借出来看，简直看入了迷。我始终觉得梁任公先生一生最有吸引力的文章要算是这个时代的了。他的文章的激昂慷慨、淋漓痛快，对于当前政治的深刻的评判，对于当前实际问题的明锐的建议，在他的那支带着情感的笔端奔腾澎湃着，往往令人非终篇不能释卷。我所苦的是在夜里不得不自修校课，尤其讨厌的是做算学题目；我一面埋头苦算，一面我的心却常常要转到新借来放在桌旁的那几本《新民丛报》！夜里十点钟照章要熄灯睡觉，我偷点着洋蜡烛躲在帐里偷看，往往看到两三点钟才勉强吹熄烛光睡去，睡后还做梦看见意大利三杰和罗兰夫人（这些都是梁任公在《新民丛报》里所发表的有声有色的传记）！这样准备做工程师，当然是很少希望的了。

三　大声疾呼的国文课

当时我进的中学还是四年制。这中学是附属于南洋公学的（当时南洋公学虽已改称为交通部工业专门学校，但大家在口头上还是叫南洋公学），叫作"中院"。大学部叫作"上院"，分土木和电机两科。中院毕业的可免考直接升入上院。南洋公学既注重工科，所以它的附属中学对于理化、算学等科目特别注重。算学是我的老对头，在小学时代就已经和它短兵相接过，但是在中学里对于什么"代数""几何""解析几何""高等代数"等等，都还可以对付得来，因为被"向上爬"的心理推动着，硬着头皮干。在表面上看来，师友们还以为我的成绩很好，实际上我自己已深知道是"外强中干"了。

但是南洋公学有个特点，却于我很有利。这个学校虽注重工科，但因为校长是唐蔚芝先生（中院仅有主任，校长也由他兼），积极提倡研究国文，造成风气，大家对于这个科目也很重视；同时关于英文方面，当时除圣约翰大学外，南洋公学的资格算是最老，对于英文这个科目也是很重视的。前者替我的国文写作的能力打了一点基础，后者替我的外国文的工具打了一点基础。倘若不是这样，只许我一天到晚在XYZ里面翻筋斗，后来要出行便很困难的了。但是这却不是由于我的自觉的选择，只是偶然的凑合。在这种地方，我们便感觉到职业指导对于青年是有着怎样重要的意义。

自然，自己对于所喜欢的知识加以努力的研究，多少都是有进步的，但是环境的影响也很大。因为唐先生既注意学生的国文程度和学习，蹩脚的国文教员便不敢滥竽其间，对于教材和教法方面都不能不加以相当的注意。同时国文较好的学生，由比较而得到师友的重视和直接的鼓励，这种种对于研究的兴趣都是有着相当的关系的。

我们最感觉有趣味和敬重的是中学初年级的国文教师朱叔子先生。他一口的太仓土音，上海人听来已怪有趣，而他上国文课时的起劲，更非笔墨所能形容。他对学生讲解古文的时候，读一段，讲一段，读时是用着全副气力，提高嗓子，埋头苦喊，读到有精彩处，更是弄得头上的筋一条条地显露出来，面色涨红得像关老爷，全身都震动起来（他总是立着读），无论哪一个善打瞌睡的同学，也不得不肃然悚然！他那样用尽气力的办法，我虽自问做不到，但是他那样聚精会神，一点不肯撒烂污的认真态度，我到现在还是很佩服他。

我们每两星期有一次作文课。朱先生每次把所批改的文卷订成一厚本，带到课堂里来，从第一名批评起，一篇一篇地批评到最后，遇着同学的文卷里有精彩处，他也用读古文时的同样的拼命态度，大声疾呼地朗诵起来，往往要弄得哄堂大笑。但是每次经他这一番的批评和大声疾呼，大家确受着很大的推动；有的人也在寄宿舍里效法，那时你如有机会走过我们寄宿舍的门口，一定要震得你耳聋的。朱先生改文章很有本领，他改你一个字，都有道理；你的文章里只要有一句有精彩的话，他都不会抹煞掉。他实在是一个极好的国文教师。

我觉得要像他那样改国文，学的人才易有进步。有些教师尽转着他自己的念头，不顾你的思想；为着他自己的便利计，一来就是几行一删，在你的文卷上大发挥他自己的高见。朱先生的长处就在他能设身处地替学生的立场和思想加以考虑，不是拿起笔来，随着自己的意思乱改一阵。

我那时从沈永癯先生和朱叔子先生所得到的写作的要诀，是写作的内容必须有个主张，有个见解，也许可以说是中心的思想，否则你尽管堆着许多优美的句子，都是徒然的。我每得到一个题目，不就动笔，先尽心思索，紧紧抓住这个题目的要点所在，古人说"读书得闲"，这也许可以说是要"看题得闲"；你只要抓住了这个"闲"，便好像拿着了舵，任凭你的笔锋奔放驰骋，都能够"搔到痒处"，和"隔靴搔痒"的便大大地不同。这要诀说来似乎平常，但是当时却有不少同学不知道，拿着一个题目就瞎写一阵，写了又涂，涂了又写，钟点要到了，有的还交不出卷来，有的只是匆匆地糊里糊涂地完卷了事。

四　课外阅读

常有青年朋友写信问起写作的秘诀，其实我只是一个平凡的新闻记者，写的不过是平凡的新闻记者所写的很平凡的东西，说不上什么作家，所以对于这种问句，很感到惭愧。不过就我很平凡的一点经验说，觉得在初学方面最重要的不外两点：一是写的技术，二是写的内容。简单说起来，所谓写的技术，是能够写得出自己所要说的话，也就是能够达意。所谓写的内容是有话说，也就是有什么意思或意见要说出来。

我上次和诸君谈过在小学和中学里得到良师教授国文的情形。但教师尽管教得好，实际的领略和运用，还是要靠自己努力去干，从干的当中得到要诀。这好像游泳一样，只是听了算数是无用的，必须钻到水里去游泳，才有所得。我当时在学校里所学的国文还是文言文，读的是古文。只靠教师在课堂上教的几篇是不够的，所以对于什么《古文辞类纂》、《经史百家杂钞》、所谓八大家的各个专集（尤其是《韩昌黎全集》）、《王阳明全集》、《曾文正全集》以及《明儒学案》等等，在课外都完全看了一下。觉得其中特别为自己所喜欢的，便在题目上做个记号，再看第二次；尤其喜欢的再看第三次；最最喜欢的，一遇着可以偷闲的时候，就常常看。此外如《新民丛报》，梁任公和汪精卫笔战的文字，在当时也是我看得津津有味的东西。还有一部书也是我在当时很喜欢看的，说来很奇特，是所谓《三名臣书牍》，共有四册，是曾涤生、胡林翼和曾纪泽的奏折和信札。我却不是崇拜什么"名臣",只觉得这里面的文字都很精悍通达,对于他们处理事务的精明强干,尤其是物色人才和运用人才方面,感到很深的兴趣。据说他们的这些文字不一定是完全自己写的,有好些是当时幕府中的能手代做的。我有一天在旧书摊上无意中碰到这部旧书,偶然翻看了几页,觉得越看越有趣,便把它买回来,居然在我的书堆里面占了很"得宠"的位置。

当然,这是当时研究文言文做了的一点点功夫,现在注意的是白话文,研究的人不一定要走这条路,而且时代也更前进了,内容方面相去也更远。所以我和诸君随便谈到这里,并不是要开什么书目供参考,只是表示我们在初学的时候,要想增进自己的写的技术,便要注意多看自己所喜欢看的书。

我当时发现一个有趣的事实。我所看的书,当然不能都背诵得出的,看过了就好像和它分手,彼此好像都忘掉,但是当我拿起笔来写作的时候,只要用得着任何文句或故事,它竟会突然出现于我的脑际,效驰驱于我的腕下。我所以觉得奇怪的是,我用不着它的时候,它在我脑子里毫无影踪,一到用得着它的时候,它好像自己就跑了出来。我后来读到了心理学,觉得这大概就是所谓潜意识的作用吧。无论如何,我在当时自己暗中发现了这个事实,对于课外的阅读格外感觉到兴奋,因为我知道不是白读白看的,知道这在事实上的确是有益于我的写的技术的。

我觉得我们在阅读里既有着这样潜意识的作用,对于所选择的书籍的文字(这仅就写的技术方面说,内容当然也很重要),要特别注意。例如有些文字,尤其是所谓直译的文字,写得佶屈聱牙,几十个字一停的长句,看得多了,也要不知不觉中影响到一个人的写作的技术，写出来的东西也使人看了不懂，或似懂非懂，使人感觉头痛！

当然，看书有人指导是可以省却许多不必要的时间和精力的耗费。现在的青年在这方面已有比较的便利，因为有好些杂志对于读书指导都是很热诚的。我在当时却是自己在暗中摸索着，但是我自己却也有一点选择的"策略"，虽简单得可笑，但在当时确受到不少的好处。我每到书店或旧书摊上去东张西望着，看到书目引我注意时，先在那里看它几页，称心才买，否则就要和它永诀。有些所谓作家，你虽然东看到他的大名，西也看到他的大名，但是也许买到他的大作来看看，却不免感觉到硬着头皮看下去也看不懂，或是味同嚼蜡，看着就想睡觉！

五　写作的尝试

在国文课上作文，当然也可以说是写作的尝试，但是我在这里指的却是发表或投稿的文字。

我读到中学初年级，几个月后就陷入了经济的绝境。我知道家里已绝对没有办法，只有自己挣扎，在挣扎中想起投稿也许不无小补。但是不知道可以投到哪里去。有一天偶然在学校的阅报室里看到《申报》的《自由谈》登着请领稿费的启事，才打定主意写点东西去试试看。那时的《自由谈》是由冷血先生主编，他自己每天在那上面做一篇短评，其余的文字大概都是靠投稿。

但是我有什么可以写呢？的确踌躇了好些时候。我上次不是和诸君谈过吗？我觉得写作在初学方面最重要的不外两点：一是写的技术，二是写的内容。这两点虽同是不可少的，但是第二点似乎比第一点还要重要。我这时在写的技术方面比较地有一些把握，但是因为经验的薄弱，观察的不深刻，实在觉得没有什么可写。于是我想个办法，到图书馆里去看几种英文的杂志，选译一些东西。这选译并不是什么长篇大文，只是几百字的短篇的材料，例如体育杂志、科学杂志等等里面的零星的材料，大讲其健康或卫生的方法，以及科学上形形色色的有趣的发明。这种材料在当时的《自由谈》是可以适用的，可是试了几次总是失败，好像石沉大海，无影无踪。但是我可以勉强抽出时间来的时候，还是试试看。有一天翻开报纸来，居然看见自己的文字登了出来，最初一刹那间好像还不能相信自己的眼睛，仔细看着题目下的署名，的的确确一毫不差的是"谷僧"两字（这是当时随便取的笔名）！这样陆陆续续地发表了好几篇，到月底结算稿费的时候，报上那个请取稿费的启事里，当然缺不了我的份！我便和我的弟弟同到棋盘街一个刻图章的小摊上去刻了一个，拿到申报馆去伸手拿钱。心里一直狐疑着，不知到底能够拿到多少。不料一拿就拿了六块亮晶晶的大洋，如计算起来，一千字至多不过一块钱，但是我在当时根本没有想到这样计算过，只觉得喜出望外。我的弟弟比我年龄更小，看见好像无缘无故地柜台上的人悄悄地付出几块大洋钱，也笑嘻嘻地很天真地替我高兴。我们两个人连奔带跳地出了申报馆，一直奔回徐家汇。这在我当时买一支笔买一块墨都须打算打算的时候，当然不无小补。但是钱到了手，却也就学了一点坏！回校的途中经过了一个卖彩票的店铺门口，和弟弟两个人商量一会，居然土头土脑地下决心掏出一块大洋买了一张彩票，后来这张彩票的结果和我最初若干次的投稿有着同样的命运！

不久我又发现了一个投稿的新园地——商务印书馆出版的《学生杂志》。记得当时在这个杂志里投稿最多的有三个人：一个是杨贤江，当时他还在师范学校求学；一个是萧公权，他的底细我不知道，由他文字里看出他似乎是四川人；一个便是我。我的文字虽常常也被采登，但我自己知道都不及他们两位的好，因此愈益勉力求进步，好像暗中和他们比赛似的。在这个杂志里所投的稿不像在《自由谈》上的只有数百字，一来就是几千字了。所写的内容，大概偏于学生修养方面的居多，这是我在当时的学生群中观察得来的材料（当时南洋公学的学生有千余人，这学生群还不算小），比以前译述健康方法和科学小品的内容又有不同，在组织材料和构思方面比较地多得一点训练。我从这里又得到一个教训，就是我们要写自己所知道得最清楚的事情，尤其是实践或经验中感到最深刻印象的事情。

但是我在《学生杂志》里投稿也不是完全顺利的，总是去了好几篇才登出一篇。登了一篇之后，好像替我打了一个强心针，再陆续写几篇去，登后再等着多少时候。关于好多没有采登的稿子，我当时并不知道，也没有想到这应该埋怨编辑先生，因为我知道自己的稿子并不是篇篇都好。我当时虽一点不知道自己将来的职业是编辑，但是说来奇怪，对于做编辑的苦衷，似乎已经了解。

六　新闻记者的作品

我在准备做工程师的学校里面——虽则还是中学——并不专心于准备做工程师，却分着大部分的心力看这样的书，翻那样的报，和准备做工程师的工作都没有什么直接的关系，这实在不足为训。就职业指导的原则说，应该赶紧设法调换学校才是，可是我当时在这方面是个"阿木林"，想都没有想到，还是在暗中摸索着。

但是有一点却在小学的最后一年就在心里决定了的，那就是自己宜于做一个新闻记者。在那个时候，我对于《时报》上的远生的《北京》通讯着了迷。每次到阅报室里去看报，先要注意《时报》上有没有登着远生的特约通讯。我特别喜欢看他的通讯，有两个理由：第一是他的探访新闻的能力实在好，他每遇一件要事，都能直接由那个有关系的机关，尤其是由那个有关系的政治上的重要人物，探得详细正确的内部的情形；第二是他写得实在好！所以好，因为流利、畅达、爽快、诚恳、幽默。他所写的内容和所用的写的技术，都使当时的我佩服得很，常常羡慕他，希望自己将来也能做成那样一个新闻记者。想诸君也许还记得，远生就是名记者黄远庸先生的笔名。我当时对于他的为人怎样，完全不知道，但是在文字上认识了他，好像他就是我的一个极好的朋友。后来他因反对袁世凯称帝而冒险南下，我已在中学里，对于他的安危，简直时刻担心着，甚至有好几夜为着这件事睡不着。他离开上海赴美国，途中还写了好几篇短小精悍、充满着朝气的通讯登在《申报》上，是我生平最倾倒的佳作。我正切盼着他能继续写下去，不料他到旧金山的时候竟被暗杀，真使我悒郁不欢，好像死了我自己的一个好朋友。

我以前曾经谈起在中学初年级的时候，对于先师沈永癯先生借给我的《新民丛报》，也有一时看入了迷，这也是鼓励我要做新闻记者的一个要素。当然，那里面所建议的事情和所讨论的问题，和当年的时代已不适合，我只是欣赏那里面的锐利明快、引人入胜的写的技术，所以在中学二年级的时候就无意再看了，可是增强了我要做个新闻记者的动机，那影响却是很有永久性的。

在中学二年级的时候，同房间的同学有一位彭昕先生，他的国文根底很好，对于秋桐（即现在到华北去做什么委员，使国人为之齿冷的章士钊）所办的《甲寅杂志》看入了迷。他常常在我面前把秋桐的文章捧上了天，赞不绝口。平心而论，章士钊的现在行为虽令人齿冷，但在当时那一段时期的努力，却也有他的劳绩。我厌恶他现在的为人，同时我却要承认当时确曾经受着秋桐文字的相当的影响。我因为彭先生的入迷，也对于《甲寅杂志》加了特殊的注意，每期都从我这位朋友那里借来看。秋桐文字的最大优点是能心平气和地说理，文字的结构细密周详，对政敌或争论的对方有着诚恳的礼貌，一点没有泼妇骂街的恶习气。我很觉得这是现在我们应该注意的态度——尤其是在现在积极推动全国团结御侮的时候——不要心境过于狭隘，太不容人，我当时对于秋桐的文字虽不像我的同学彭先生那样入迷，但却也喜欢看。这对于我要做新闻记者的动机，也有相当的推动力。

其实也只有《甲寅杂志》能使秋桐令人敬重，后来秋桐反对

"五四"运动的新文化，又办什么《甲寅周刊》，同样地用秋桐署名的文字，看了便令人作三日呕！关于这一点，我也许可以捏造一个原则：就是做文章和做人实在有着密切的关系。做了一个要不得的人，原来能写很好文章的，到了那时写出来的也要变成要不得的东西。这也许是因为好的文章不仅是有着好的写的技术，同时也离不开好的写的内容。而且还有一点似乎奇特而却也是事实的：那便是内容的要不得往往也要影响到写的技术，因为只有理直气壮的内容才写得好，否则扭扭捏捏，不能遮掩它的丑态！

七　英文的学习

关于英文的学习，我不能忘却在南洋公学的中院里所得到的两位教师。后来虽有不少美籍的教师在这方面给我许多益处，但是这两位教师却给我以初学英文的很大的训练和诀窍，是我永远所不能忘的厚惠。在这国际交通日密、学术国际化的时代，我们要研究学问，学习一两种外国文以做研究学问的工具，在事实上是很有必要的，所以我提出一些来谈谈，也许可以供诸君的参考。

我所要说的两位英文教师，一位是在中学二年级的时候教授英文的黄添福先生。他就是拙译《一位美国人嫁与一位中国人的自述》的那本书里的男主人公。他大概是生长在美国，英文和美国人之精通英文者无异；英语的流利畅达，口音的正确，那是不消说的。他只能英语，不会说中国话。做中国人不会说中国话，这就某种意义说来，似乎不免是一件憾事，但是仅就做英文教师这一点说，却给学生以很大的优点。当然，倘若只是精通英文而不懂教授法，还是够不上做外国文的良师。黄先生的教授法却有他的长处。他教的是英文文学名著，每次指定学生在课外预备若干页，最初数量很少，例如只有两三页，随后才逐渐加多。我记得在一年以内，每小时的功课，由两三页逐渐加多到二十几页。上课的时候，全课堂的同学都须把书本关拢来，他自己也很公平地把放在自己桌上的那本书关拢起来。随后他不分次序地向每一个同学询问书里的情节，有时还加以讨论。问完了每个同学之后，就在簿子上做个记号，作为平日积分的根据。他问每个同学的时候，别的同学也不得不倾耳静听，注意前后情节的线索，否则突然问到，便不免瞠目结舌，不知所答。在上课的五十分钟里面，同学们可以说没有一刻不在紧张的空气中过去，没有一刻不在练习听的能力。

除听的能力外，看的能力也因此而有长足的进展，因为你要在课堂上关拢书本子，随时回答教师关于书内情节的问句，或参加这些情节的讨论，那你在上课前仅仅查了生字，读了一两遍是不够的，必须完全了然全课的情节，才能胸有成竹，应付裕如。换句话说，你看了你的功课，必须在关拢书本之后，对于书内的情节都能明白。这样的训练，对于看的能力是有很大的益处。我和同学们最初却在心里有些反对，认为教师问起文学的内容好像和什么历史事实一样看待，使人费了许多功夫预备。但是经过一年之后，觉得自己的看的能力为之大增，才感觉到得益很大。

还有一位英文良师是徐守伍先生。他是当时的中院主任，等于附属中学的校长；当我们到了四年级的时候（当时中学是四年制），他兼授我们一级的英文。他曾经在美国研究经济学，对于英文也很下过苦功。他研究英文的最重要的诀窍是要明白英文成语的运用。这句话看来似乎平常,但在初学却是一个非常重要而受用无穷的秘诀。徐先生还有一句很直率而扼要的话,那就是你千万不要用你自己从来没有听过或读过的字句。这在中国人写惯中国文的人们,也许要觉得太拘泥,但是仔细想想,在原理上却也有可相通的。我们写"艰难"而不写作"难艰",我们写"努力""奋斗"而不写作"奋力""努斗",不过是由于我们在不知什么时候、什么地方听过或看过这类的用法罢了。初学英文的人,在口语上或写作上往往有"捏造"的毛病,或把中国语气强译为英文,成为"中国式的英文"!要补救这个毛病,就在乎留意不要用你自己从来没有听过或读过的英文字句。在积极方面,我们在阅读的时候,便须时常注意成语的用法。成语的用法不是仅仅记住成语的本身就够的,必须注意成语所在处的上下文的意思。我们在所阅读的书报里,看到一种成语出现两三次或更多次数的时候,如真在用心注意研究,必能意会它的妙用的。我们用这样的态度阅读书报,懂得成语越多,记得成语越多,不但阅读的能力随着增进,就是写作的能力也会随着增进。

黄先生使我们听得懂、听得快,看得懂、看得快,偏重在意义方面的收获;徐先生使我们注意成语的运用,对于阅读的能力当然也有很大的裨益,尤其偏重在写作能力的收获。

我觉得这两位良师的研究法可通用于研究各种外国文。

八　修身科的试卷

我读到中学一年级的第二学期，家中对我的学费已无法供给，经济上陷入了困境。在四面楚歌之中，忽然得到意外的援军！在第一学期结束的时候，有一天无意中走过宿舍里的布告板的前面，看见有一大堆人伸长脖子看着一大篇的校长的布告，上面开头便是校长对于品行重要的说教，最后一句是"本校长有厚望焉"，随后是大批"优行生"的姓名。出乎我意料之外的是我自己的姓名也赫然夹在里面凑热闹！老实说，我当时对于"优行"这个好名称却不觉得怎样，可是听老同学们说起做了"优行生"可以得到免缴学费的优待，对于我当时竭泽而渔的苦况却不无小补。

说起当时这种"优行生"的资格，却也颇有趣味。最重要的是在大考时候那一篇修身科的试卷。修身科的教师就是当时的国文教务长，教的是宋明的理学，油印的讲义充满着许多慎独的功夫、克欲的方法。教师上课的时候，就把这些讲义高声朗诵，同时在课堂里大踱其方步。他只是朗诵着讲义，不大讲解其中的意义，朗诵之后，余下来的工夫就大骂当代的一切人物，这些人在他似乎觉得都不合于他心目中的修身的标准！骂得痛快淋漓，往往要骂得哄堂大笑。当他滔滔不绝、口若悬河的当儿，如偶有同学在课堂里打瞌睡给他看见，他就要大声发问："你昨天夜里在被窝里干什么？我看你的脸色很靠不住！"弄得哄堂大笑，那个同学往往要难为情得面红耳赤，无容身之地！到了大考的时候，他出一个多少有关理学的题目，叫大家做一篇文章。其实这篇文章的好坏，与其说是关于作者平日修身的怎样，不如说是关于作者国文程度的怎样。国文好的人就大占便宜，和修身不修身似乎没有什么直接的关系。就一般说，国文好的同学大概多是用功朋友，在品行上不致怎样撒烂污，但是也有例外的。我就亲知道在另一级里有一位同学在考"修身"的前一夜，还请假在外打了通宵的麻将，第二天早晨匆匆到校应考，因为他的国文程度很好，考卷上仍得到一百分，他的大名仍在"优行生"之列！

大概"优行生"的推举，是在教务会议中由修身科教师提出，由其他教师赞成通过的，所以仅仅修身科考卷好还不够，其他功课也要相当地好。如有什么功课过于撒烂污，教这功课的那位教师也许要说几句中伤的话，"优行生"突然间便不免要发生问题了！但是修身科在大考时的那一篇文章的优劣，确是一个很重要的因素。这样决定"优行生"的办法似乎很有疑问，可是在当时的我，得因此免除学费，却是一个很大的帮助。

我在南洋公学读到大学二年级（电机科），除了有一个学期是例外，其余的学期都很侥幸地被列在"优行生"，学费也随着被免除了。我对于修身科的教师虽有着奇异的感想，但是这一点却不得不感谢他。其中有一个学期是例外，这里面的情形也可说是例外的例外。校长依向例贴出布告，宣布"优行生"的名单，在名单之前也依向例有着一大篇"本校长有厚望焉"的说教，在那篇说教里特别提出我的名字，说我好得不得了，除学识是怎样怎样的精研通达外，性情又是怎样怎样的谦逊韬晦，简直不是什么物质的奖励所能包容的，所以特由校长加以这样荣誉的奖励，把"优行生"的名义暂停一次。这在教师们鼓励的盛情固然可感,可是我那一学期的学费却大费了一番的筹谋!

诸君知道学校里的费用,学费不过占着其中的一小部分,此外如买书费、膳费、纸笔费、洗衣费以及无法再节省的零用费,都要另外设法。投稿生涯也是"开源"之一法,所以当时有许多写作译述,与其说是要发表意见或介绍知识,不如说是要救穷。我的弟弟当时也同在南洋公学求学,他的经济状况当然不会比我好,也有一部分要靠做"优行生"所得的免除学费的优待。我们两个人的"开源"的途径既不广,同时只得极力"节流"。从徐家汇到上海(指热闹的街市)有一二十里路,原有电车可通,我们在星期日偶因有事出校,往往不敢乘电车,只得跑路。在暑假期内,极力找家庭教师的职务做。在那时的南洋公学是上海最著名的一个学校,对于招考时的考试特别严格,所以有志投考的,在暑假期内常由父兄请人在家里补习功课。我们弟兄两人很幸运地得到同学们的信任,他们遇着有亲友们要物色这种补习教师,常替我们作负责的介绍,所以这在当时也是我们这苦学生的一条出路。

现在常有些青年写信问我苦学生怎样可以自给,这问题的确不易答复,因为这事没有什么一定的公式,要看各人的环境、人缘和自己的能力。回想我自己当时的苦学生生涯,也不敢说有什么把握,只是过一学期算一学期,过一个月算一个月。这学期不知道下学期的费用在哪里,甚至这一个月不知道下一个月的费用在哪里,这简直是常事。因此心境上常常好像有一块石头重重地压住。别的同学在星期日是有着当然的娱乐,我的星期日却和平日一样;出校要用车费,没有特别的事也不愿跑远路;躲在校里也没有什么娱乐，因为在星期日的学校原已像个静寂的寺院。

孩子究竟脱不了孩子气！记得有一次听着一个亲戚盛赞梅兰芳的戏，说他真做得好，简直是个"怪物"，不可不看。我们弟兄俩刚巧衣袋里多着几块钱，竟下决心同到天蟾舞台去看了一次！看的是夜戏，因太迟不便回校，还同往旅馆住宿了一夜。虽由徐家汇出来往返通是跑腿，但是已破天荒地用了十块大洋，因为一个位置的票价就去了四块大洋，那真是闹了一次大阔！这事如被那位修身科教师知道了，也许要取消我们的"优行生"的资格！

九　幻想的消失

我在南洋公学的时候，在精神上常感到麻烦的，一件是经济的窘迫，一件是勉强向着工程师的路上跑。前者的麻烦似乎还可以勉强拖过去，虽则有的时候好像到了绝境；后者的麻烦却一天天地继续下去。如果我肯随随便便地敷衍，得过且过，也许可以没有什么问题，可是我生性不做事则已，既做事又要尽力做得像样；所以我不想做工程师则已，要做工程师，决不愿做个"蹩脚"的工程师。我读到中学四年级的时候，已感觉到《解析几何》的和我为难，但是我当时并不知道天地间有所谓职业指导这个东西，只常常怪自己何以那样不行！中学毕业后要分科了。除土木科和电机科外，还新设有铁路管理科。原来同学里面性情不近于学工科的不止我一个人，据说铁路管理科是不必注重物理、算学的，所以有不少同学加入。照理我也可以加入这一科，不过当时加入这一科的却有许多平日不用功的同学，在一般同学看来，大有这是"藏污纳垢"的一科，存着轻视的心理！而且我对于铁路管理，自问也没有什么特别的兴味，所以我没有一点意思要进这一科。由现在看来，前一种心理确是错误的，后一种心理也许还合于职业指导的一个原则。无论如何，我既无意于管理什么铁路，只得在土木科和电机科两者之间选择一科。我说"只得"，因为在当时竟好像除了南洋公学，没有别的什么学校看得上眼！算学是我的对头，这是诸君所知道的。我听见有些同学谈起电机科对于算学的需要，不及土木科那样紧张，我为避免"对头"起见，便选定了电机科。到了这个时候，我对于工程师的幻想还没有消失。这种幻想之所以还未消失，并不是因为我喜欢做工程师，却是因为不知道有更改的必要和可能。我所以不喜欢做工程师，并不是不重视工程师，却是因为我自己的能力和工程师没有缘分。

但是我仍然糊里糊涂地向着工程师的路上跑。不久我对于工程师的幻想终于不得不完全消失，这件事我却不得不谢谢张贡九先生。他当时教我们的微积分和高等物理学。诸君知道微积分是算学中比较高级的阶段，高等物理学对于算学的需求也是特别紧张的。而这位张先生对于这两科考试的题目又特别地苛刻。他到考试的时候，总喜欢从别的书上搜求最艰深困难的题目给学生做，弄得同学们叫苦连天，尤其引起深刻反感的当然是像我这样和算学做对头的人们。最初我还再接再厉，不肯罢休，但是后来感觉到"非战之罪"，便不得不另寻途径了。可是怎么办呢？尤其是"优行生"的问题！在南洋公学还可借口"优行生"来凑凑学费，如换一个学校，连这样一点点的凭借也没有了。这是一种最踌躇的心理。

可是问题当然还没有解决。同时有一位姓戴的同学却给我一个很大的推动。他在我们的同级里，对于工科的功课却是赋有天才的，但是他对于医学的研究具有更浓厚的兴味，便下决心于中学毕业后，考入圣约翰大学的医科（先须进理科）。他去了以后，偶然来谈谈，我才知道圣约翰的文科比较地可以做我转校的参考。我此时所要打算的是经济的问题，因为到圣约翰去之后，不但没有"优行生"的奖学金，而且圣约翰大学是向来有名的贵族化的学校。这个学校的课程内容，比较地合于我的需要，而贵族化的费用却给与我一个很困难的问题。事有凑巧，有一位同级的同学葛英先生正在替他的一个本家物色一个家庭教师。他的那位本家是在宜兴县的蜀山镇，家里是开瓷厂的，年已六十几岁了，对于三个孙子的学业希望得非常殷切，托我的这位同学代为物色一个好教师，要请到蜀山镇去做西席老夫子的。我是否够得上做一个好教师，自己实在毫无把握，但是这位同学知道我有暂时做事积资再行求学的意思，极力怂恿我接受这个位置。当时是在将放年假的时候，他们打算请我去教半年，准备使那三个小学生能在第二年的暑假考入学校。为特别优待我起见，他们自动建议每月送我"束修"四十元，来往盘费都由东家担任。这位东家虽是拖着一根大辫子、年龄已达六十几岁的老先生，但是对于我这个青年"老夫子"却表示着十二万分的敬意；他的那样谦恭诚挚的盛情厚谊，实在使我受到很深的感动。我想一部分也许是由于他对于三个孙子的学业前途盼望得十分殷切，推他爱护孙子的心而爱护到所请的"老夫子";一部分也许是由于我的那位同学在他面前把我说得太好了。

十 青年"老学究"

我真料想不到居然做了几个月的"老学究"!这在当时的我当然是不愿意做的。一般青年的心理也许都和我一样吧,喜走直线,不喜走曲线,要求学就一直入校求下去,不愿当中有着间断。这心理当然不能算坏;如果有走直线的可能,直线当然比曲线来得经济——至少在时间方面。但是我们所处的实际环境并不是乌托邦,有的时候要应付现实,不许你走直线,也只有走曲线。我当时因为不能继续入校,心理上的确发生了非常烦闷悒郁的情绪;去做几个月的"老学究",确是满不高兴、无可奈何的。不过从现在想来,如有着相当的计划,鼓着勇气往前走,不要自馁,不要中途自暴自弃,走曲线并不就是失败,在心境上用不着怎样难过。这一点,我很诚恳地提出来,贡献于也许不得不走着曲线的青年朋友们。拿破仑说:"胜利在最后的五分钟。"这句话越想越有深刻的意味,因为真正的胜利要看最后的分晓,在过程中的曲折是不能即作为定案的。我们所要注意的是要做继续不断的努力,有着百折不回的精神向前进。

我当时在最初虽不免有着烦闷悒郁的情绪,但是打定了主意之后,倒也没有什么,按着已定的计划向前干去就是了。

我的那位东家葛老先生亲自来上海把我迎去。由上海往宜兴县的蜀山镇,要坐一段火车,再乘小火轮,他都一路很殷勤地陪伴着我。蜀山是一个小村镇，葛家是那个村镇里的大户，他由码头陪我走到家里的时候，在街道上不断地受着路上行人的点头问安的敬礼，他也忙着答谢，这情形是我们在城市里所不易见到的，倒很引起我的兴趣。大概这个村镇里请到了一个青年"老学究"是家家户户所知道的。这个村镇里没有邮政局，只有一家杂货铺兼作邮政代理处，我到了之后，简直使它特别忙了起来。

我们住的虽是乡村的平屋，但是我们的书房却颇为像样。这书房是个隔墙小花厅，由一个大天井旁边的小门进去，厅前还有个小天井，走过天井是一个小房间，那便是"老夫子"的卧室。地上是砖地，窗是纸窗，夜里点的是煤油灯。终日所见的，除老东家偶然进来探问外，只是三个小学生和一个癞痢头的小工役。三个小学生的年龄都不过十一二岁，有一个很聪明，一个稍次，一个是聋子，最笨；但是他们的性情都很诚挚笃厚得可爱，每看到他们的天真，便使我感觉到愉快。所以我虽像入山隐居，但有机会和这些天真的儿童朝夕相对，倒不觉得怎样烦闷。出了大门便是碧绿的田野，相距不远的地方有个山墩。我每日下午五点钟放课后，便独自一人在田陌中乱跑，跑到山墩上瞭望一番。这种赏心悦目的自然界的享受，也是在城市里所不易得到的，即比之到公园去走走，并无逊色。有的时候，我还带着这几位小学生一同出去玩玩。

在功课方面，这个青年"老学究"大有包办的嫌疑！他要讲解《论语》《孟子》，要讲历史和地理，要教短篇论说，要教英文，要教算学，要教书法，要出题目改文章。《论语》《孟子》不是我选定的，是他们已经读过，老东家要我替他们讲解的。那个聋学生只能读读比较简单的教科书，不能作文。夜里还有夜课，读到九点钟才休息。这样的儿童，我本来不赞成有什么夜课，但是做"老夫子"是不无困难的，如反对东家的建议，大有偷懒的嫌疑，只得在夜里采用马虎主义，让他们随便看看书，有时和他们随便谈谈，并不认真。

我自己是吃过私塾苦头的，知道私塾偏重记忆（例如背诵）而忽略理解的流弊，所以我自己做"老学究"的时候，便反其道而行之，特重理解力的训练，对于背诵并不注重。结果，除了那位聋学生没有多大进步外，其余的两个小学生，都有着很大的进步。最显著的表现，为他们的老祖父所看得出的，是他们每天做一篇的短篇论说。

我很惭愧地未曾受过师范教育，所以对于怎样教小学生，只得"独出心裁"来瞎干一阵。例如作文，每出一个题目，必先顾到学生们所已吸收的知识和所能运用的字汇，并且就题旨先和他们略为讨论一下。这样他们在落笔的时候，便已有着"成竹在胸""左右逢源"的形势。修改后的卷子，和他们讲解一遍之后，还叫他们抄一遍，使他们对于修改的地方不但知其所以然，并且有较深的印象。

十一　踏进了约翰

几个月的乡村生活匆匆地过去，转瞬已到了暑假。几个小学生到上海投考学校，我也回到上海，准备投考圣约翰大学。

和我同时投考约翰的还有一位南洋同学，就是现在的王以敬医师,他原是在南洋选定土木科的,因为性情不近,改选医科。我们两个人在南洋时虽所进的学科不同,但是都读到大学二年级。他进医科,先要进约翰的理科,我要进的却是约翰的文科。由工科转到理科,比我由工科转到文科来得便当,因为工科和文科的课程相差太多了。幸而我自己平时对于文科有关系的书籍已无意中看得不少。在那时并不知道自己要转文科,不过因为自己喜欢看,所以便常常看看,不料在这个紧急备考的时候,居然有一点用处。例如要考的英文文学名著,在一二十种中选考四种,这就不是临时抱佛脚所能速成的。可是无论如何,要想从工科二年级跳到文科三年级,这在当时好多朋友都认为是太大胆的。我所以不得不这样大胆来拼一下,与其说是我的野心,不如说是因为我的经济力量常在风雨飘摇的境况中,希望早些结束我的大学教育。

我和王先生同住在上海青年会寄宿舍里,两个人同住在一个房间。临考的那几天,我们两个人的心理都非常紧张。我们都存着非考取不可的念头,因为我们都各有苦衷。王先生立志研究医学,上海除德文的同济外,英文的医学校在当时只有约翰是比较差强人意的。我呢,在当时也觉得要研究英文,在上海似乎也只有约翰是比较差强人意的。可是考试的成败是最难捉摸的事情,所以那几天我们的心理是特别地紧张,差不多每日二十四小时都是时刻在惴惴危惧着的。每天夜里,我们两人都开着"夜车",预备考试的功课到两三点钟,疲顿得不堪言状。考试的那一天,天朦朦亮就起来,匆匆盥洗了后,连早餐都没有用,就匆匆出发,同乘电车到静安寺。还早得很,有几十个同往投考的人们不约而聚地步行一小时左右,才到约翰。考大学三年级的只有王先生和我两个人。因为我们所投考的学科不同，所以两个人还是分开来考的，各人都分别到各个有关系的教授房间去应试。提心吊胆了差不多一个星期，结果居然两人都被录取了，希望愈迫切和用力愈艰苦而得到的东西，在心理上也愈觉到快慰。我们两人得到投考胜利的消息后，当然是喜不自胜的。

好了，我如愿以偿地踏进了约翰了。这样转换了一个学校，在南洋时功课上所感到的烦闷，一扫而光，这是最痛快的一件事。在约翰的教授方面，也有几位是比较可以满意的，例如哲学教授卜威廉、历史学教授麦克纳尔、经济学教授伦默等。虽也有几个饭桶教授滥竽其间，但是我可以不选他们的课程，不致受到什么影响。

我在约翰虽然仅有两年，但也得到很多的益处，尤其是快读的能力。像麦克纳尔先生，他最注重课外参考书的阅读；他所指定的参考书很多，而且要调阅我们的笔记，非读得快，很难交卷，所以我们用在图书馆里的时间不少。约翰在最初受人诟病的是造成了不少买办，或做外人爪牙的翻译，但是我以为学会了英文来做研究学问的工具，却是另一回事。平心而论，对于这个工具的熟练，我不得不感谢我的母校——约翰大学。讲到社会科学方面，这个学校里只是沿袭着美国式的传统的说法，就近代新社会科学的眼光看去，似乎给与学者的没有什么精要的知识，但是近代新社会科学也不是凭空突如其来的，要彻底懂得近代新社会科学的真谛，对于传统学说也需要有相当的明了，所以我这两年的光阴并不觉得是虚掷的。

在约翰时最使我索然乏味的事情，是每晨二十分钟和星期日上午一两小时的"做礼拜"。每日早晨上课之前，全体同学千余人要聚在大礼堂上，校长和教授们便聚在大礼堂的讲坛上，由校长领导着大玩其祷告和朗诵《圣经》的玩意儿。依例全体都要跪着，幸而除却前两排的同学因为太近于讲坛不得不下跪外，后面的大多数的同学坐在一排一排的矮椅上，和跪下的样子也差不多，大家便实行马虎主义，还是堂而皇之地坐着。星期日的上午，不得不坐在教堂里听那个主教的胡说八道，也是一件苦事。抵制的办法只得让他尽管张开他的嘴巴，我却尽转着我自己的念头，这也许是另一种的"走曲线"吧。

十二　深挚的友谊

　　跨进了约翰之后，课程上的烦闷消除了，而经济上的苦窘还是继续着。辛辛苦苦做了几个月的青年"老学究"所获得的经费，一个学期就用得精光了，虽则是栗栗危惧地使用着。约翰是贵族化的学校，富家子弟是很多的。到了星期六，一辆辆的汽车排在校前好像长蛇阵似地来迎接"少爷们"回府，我穿着那样寒酸气十足的衣服跑出门口，连黄包车都不敢坐的一个穷小子，望望这样景象，觉得自己在这个学校简直是个"化外"的人物！但是我并不自馁，因为我打定了"走曲线"的求学办法。

　　但是我却不得不承认，关于经济方面的应付，无论怎样极力"节流"，总不能一文不花；换句话说，总不能一点"开源"都没有。这却不是完全可由自己做主的了！在南洋附属小学就做同学的老友郁锡范先生，那时已入职业界做事，我实在没有办法的时候，往往到他那里去五块十块钱的借用一下，等想到法子的时候再还。他的经济力并不怎样充分,但是隔几时暂借五块十块钱还觉可能;尤其是他待我的好,信我的深,使我每次借款的时候并不感觉到有着丝毫的难堪或不痛快的情绪,否则我虽穷得没有办法,也是不肯随便向人开口的。在我苦学的时候,郁先生实在可算是我的"鲍叔"。最使我感动的是有一次我的学费不够,他手边也刚巧周转不灵,竟由他商得他的夫人的同意,把她的首饰都典当了来助我。但是他对于我的信任心虽始终不变,我自己却也很小心,非至万不得已时也绝对不向他开口借钱;第一次的借款未还,绝对不随便向他商量第二次的借款。一则他固然也没有许多款可借;二则如果过于麻烦,任何热心的朋友也难免于要皱眉的。

我因为要极力"节流",虽不致衣不蔽体,但是往往衣服破烂了,便无力置备新的;别人棉衣上身,我还穿着夹衣。蚊帐破得东一个洞,西一个洞,蚊虫乘机来袭,常在我的脸部留下不少的成绩。这时注意到我的情形的却另有一位好友刘威阁先生。他是在约翰和我同级的,我刚入约翰做新生的时候,第一次和他见面,我们便成了莫逆交。他有一天由家里回到学校,手里抱着一大包的衣物,一团高兴地跑进了我的卧室,打开来一看,原来是一件棉袍、一顶纱帐!我还婉谢着,但是他一定要我留下来用。他那种特别爱护我的深情厚谊,实在是使我一生不能忘的。那时他虽已结了婚,还是和大家族同居的,他的夫人每月向例可分到大家族津贴的零用费十块钱;有一次他的夫人回苏州娘家去了一个月,他就硬把那十块钱给我用。我觉得这十块钱所含蓄的情义,是几十万几百万的巨款所含蓄不了的。

我国有句俗话,叫作"救急不救穷",就个人的能力说,确是经验之谈。因为救急是偶然的、临时的，救穷却是长时期的。我所得到的深挚的友谊和热诚的赞助，已是很难得的了，但是经常方面还需要有相当的办法。我于是开始翻译杜威所著的《民治与教育》。但是巨著的译述，有远水不救近火之苦，最后还是靠私家教课的职务。这职务的得到，并不是靠什么职业介绍所，或自己登报自荐，却是和我在南洋时一样，承蒙同学的信任，刚巧碰到他们正在替亲戚物色这样的教师。我每日下午下课后就要往外奔，教两小时后再奔回学校。这在经济上当然有着相当的救济，可是在时间上却弄得更忙。忙有什么办法？只有硬着头皮向前干去。白天的时间不够用，只有常在夜里"开夜车"。

后来我的三弟进南洋中学，我和我的二弟每月各人还要设法拿几块钱给他零用，我经济上又加上了一点负担。幸而约翰的图书馆要雇用一个夜里的助理员，每夜一小时，每月薪金九块钱。我作毛遂自荐，居然被校长核准了。这样才勉强捱过难关。

毕云程先生乘汽车赶来借给我一笔学费，也在这个时期里，这也是我所不能忘的一件事，曾经在《萍踪寄语》初集里面谈起过，在这里就不赘述了。

深挚的友情是最足感人的。就我们自己说，我们要能多得到深挚的友谊，也许还要多多注意自己怎样做人，不辜负好友们的知人之明。

十三　苦学时代的教书生涯

我在做苦学生的时代，经济方面的最主要的来源，可以说是做家庭教师。除在宜兴蜀山镇几个月所教的几个小学生外，其余的补习的学生都是预备投考高级中学的。好些课程由一个人包办，内容却也颇为复杂。幸而我那时可算是一个"杂牌"学生：修改几句文言文的文章，靠着在南洋公学的时候研究过一些"古文"；教英文文学，靠着自己平日对这方面也颇注意，南洋和约翰对于英文都有着相当的注重，尤其是约翰；教算学，不外几何和代数，那也是在南洋时所熟练过的。诸君也许要感觉到算学既是我的对头，怎好为人之师，未免误人子弟。其实还不至此，因为我在南洋附属中学时，对于算学的成绩还不坏，虽则我很不喜欢它。至少教几何和代数，我还能胜任愉快。现在想来，有许多事真是在矛盾中进展着。我在南洋公学求学的时候，虽自觉性情不近工科，但是一面仍尽我的心力干去，考试成绩仍然很好，仍有许多同学误把我看作"高材生"，由此才信任我可以胜任他们所物色的家庭教师。到约翰后，同学里面所以很热心拉我到他们亲戚家里去做家庭教师，也因为听说我在南洋是"高材生"；至少由他们看来，一般的约翰生教起国文和算学来总不及我这个由南洋来的"高材生"！我慨然担任家庭教师的职务，为的是要救穷，但是替子弟延请教师的人家所要求的条件却不是"穷"，仅靠"穷"来寻觅职业是断然无望的。我自己由"工"而"文"，常悔恨时间的虚耗，但是在这一点上却无意中不免得到一些好处；还是靠我在读工科的时候仍要认真，不肯随随便便撒烂污。

在我自己方面，所以要担任家庭教师，实在是为着救穷，这是已坦白自招的了（这倒不是看不起家庭教师，却是因为我的功课已很忙，倘若不穷的话，很想多用些功夫在功课方面，不愿以家庭教师来分心)。可是在执行家庭教师职务的时候，一点不愿存着"患得患失"的念头，对于学生的功课异常严格，所毅然保持的态度是："你要我教，我就是这样；你不愿我这样教，尽管另请高明。"记得有一次在一个人家担任家庭教师，那家有一位"四太爷"，掌握着全家的威权，全家上下对他都怕得好像遇着了老虎，任何人看他来了都起立致敬。他有一天走到我们的"书房"门口，我正在考问我所教的那个学生的功课，那个学生见"老虎"来了，急欲起来立正致敬，我不许他中断，说我教课的时候是不许任何人来阻挠的。事后那全家上下都以为"老虎"必将大发雷霆，开除这个大胆的先生。但是我不管，结果他也不敢动我分毫。我所以敢于强硬的，是因为自信我在功课上对得住这个学生的家长。同时我深信不严格就教不好书，教不好书我就不愿干，此时的心里已把"穷"字抛到九霄云外了!

这种心理当然是很矛盾的。自己的求学费用明明要靠担任家庭教师来做主要来源，而同时又要这样做硬汉!为什么要这样呢?我自己也并没有什么理论上的根据，只是好像生成了一副这样的性格，遇着当前的实际环境，觉得就应该这样做，否则便感觉得痛苦不堪忍受。

出乎我意料之外的是，我这样的一个"硬汉教师"，不但未曾有一次被东家驱逐出来，而且凡是东家的亲友偶然知道的，反而表示热烈的欢迎，一家结束，很容易地另有一家接下去。我仔细分析我的"硬"的性质，觉得我并不是瞎"硬"，不是要争什么意气，只是要争我在职务上本分所应有的"主权"。我因为要忠于我的职务，要尽我的心力使我的职务没有缺憾，便不得不坚决地保持我在职务上的"主权",不能容许任何方面对于我的职务作无理的干涉或破坏(在职务上如有错误,当然也应该虚心领教)。我不但在做苦学生时代对于职务有着这样的性格,细想自从出了学校,正式加入职业界以来,也仍然处处保持着这样的性格。我自问在社会上服务了十几年,在经济上仅能这手拿来,那手用去,在英文俗语所谓"由手到嘴"的境况中过日子,失了业便没有后靠可言,也好像在苦学生时代要靠着工作来支持求学的费用,但是要使职务不亏,又往往不得不存着"合则留,不合则去"的态度。所以我在职业方面,也可说是一种矛盾的进展。

十四　初出茅庐

　　我是在一九二一年毕业于约翰的。向例在行毕业礼的那一天,各同学都一律要穿西装,要罩上宽袍大袖的学士礼服,戴上方帽子。这在富家的子弟,到了这一天,当然可以出钱特制很讲究的西装和礼服,在我这穷学生,却又是一个问题了。学士礼服和方帽子是可以租的,这倒有法可想。关于西装,因为常有西装裁缝到寄宿舍里来兜生意,尤其是在将行毕业礼的前几天。我便和其中一个商量,要暂时赊账,等两三个月以后才付钱。他答应了,我这个问题才解决。

　　到了行毕业礼的那一天,各同学的家属,老的幼的,男的女的,都跑来凑热闹。他们当然都是笑嘻嘻的、很快乐的。各同学先在操场上列成双人队,由校长和各教授引导着,鱼贯缓步进大礼堂,各家属和来宾们拥挤地围着大鼓其掌。我此时夹在队伍中，的确引起了异样的情感——与其说是胜利的感觉，不如说是伤感的意味居多。我的大家族住在北平，自己还未结婚，没有什么娇妻，也没有什么爱人，来分享我在这刹那间的情绪上的反应。所以我很觉得好像是个孤零零的孤儿夹在怪热闹的环境中，想到平日的苦忙，想到平日的奔波，想到平日筹措学费的艰辛，想到这一天所剩下来的是三四百元的债务和身上穿着的赊账的西装！这种种零零碎碎的毫无系统的念头，像闪电似的在脑际掠过去，竟使我在那刹那间"生惕门陀"（sentimental）起来了，眼眶里涌上了热泪——莫名其妙的热泪。但在前后左右都充满着喜容和笑声，独有一个人掉泪，似乎是怪难为情的，所以立刻装作笑容，把那涌上来的热泪抑制着向里流。

大学教育算是告了一个结束。虽然在求学的工具和社会科学的知识方面，还只是建立了一个基础，但是学校却不得不离开了。离开了学校，当然要注意到职业界这方面来。

同级的各同学在将毕业的时候，对于自己的将来职业就已开始打算（其中虽有极少数已决定毕业后到美国去留学）。我本是要想入新闻界的，但是一时得不到什么机会，以前"走曲线"求学，现在又不得不"走曲线"就业了。我说"就业"而不说"求业"，因为在毕业前的一两个月，毕云程先生就对我说，穆藕初先生要请一位英文秘书，问我就不就。当时穆先生正在办厚生纱厂，不久以前正出了五万元资送五个北大学生出国留学，这件慨捐巨款乐育人才的事情，使我对他颇有着好感，便答应了下来。

到厚生纱厂办事没有几天工夫，穆先生创办上海纱布交易所，他自己任理事长，把我调到纱布交易所担任英文秘书。其实纱布交易所里面关于英文的信件很少，每天只翻译几页关于纱市的英文电讯，内容只是数目字的变异，格式都是很呆板的。每月薪水倒有一百二十元，这在我这样初毕业于学校的小子，已不能算少，虽则当时交易所林立，生意兴隆，薪水比任何机关都大，我这样的薪水在比较上仍是很平常的。我倒不嫌薪水小，却觉得我的工作不合于我的爱好。诚然，我也知道初出就业，不能苛求，只得一步一步地干去；也明知重大的责任要从比较小的责任开始。我的不喜欢，不是因为事情的机械，或是事情的小。我后来办理出版业的时候，任何机械的事情或是任何小事情，我都干得津津有味。我只觉得一天那样翻译着几张纱市的电讯，没有什么意义，尤其觉得这是用不着一个什么英文秘书来办的事情。空闲的时候太多，也是使我觉得不安的一件事。

在精神上虽有这样的烦闷，但是因为一方面还没有较适宜的机会，一方面又急于要归还所借的学费，只得打定主意拖下去。

在这样的烦闷的环境中，如果说还有一些愉快的事情，那要算是认识了一位好友余天栋先生。他是东南大学商科毕业的一个英俊焕发、至诚感人的有为青年，这时他在担任纱布交易所的会计科科长，在该所是比较重要的职务。我以前并不认识他，到交易所的第一天，在成立会的会场上遇着，经穆先生介绍后，他那样的和蔼、殷勤、豪爽的态度和待我的恳挚亲切，就已使我感觉到他是一个值得敬爱的好友。我是一个爽快的人，他也是一个爽快的人。我每遇着我所敬爱而知心的人，就喜欢披肝沥胆地畅谈，他也是这样。所以我们不遇着则已，一遇着了，总是一谈几小时。他为人整洁、敦厚、聪明、正直，而又很富于幽默。在星期日，我们常在一起，每每一谈就谈了半天。我记得有一次我们在大雨中穿着雨衣，在四川路一带走着，上面虽有倾盆大雨淋着，我们还是谈笑自若，边走边谈，愈谈愈有味。

我那时因为急于归还学费，每次领薪水的时候，留下自用的钱总是很少的，到了月底，往往只剩几角钱，窘迫得可笑。他的薪水赚得比我多，到了这种时候，他往往自动地一定要把五块钱的钞票塞在我的衣袋里，强要借给我用。

我离开纱布交易所之后，他还在那里做他的会计科科长，一时失却了我，使他感到懊丧万状。后来我们虽因各人都忙，不能常聚，一聚还是畅谈几小时。当我筹备结婚的时候，他也离开了纱布交易所，正在打算赴美再求深造，同时在做标金生意，想多弄得几个钱带出去。他知道我婚费还有问题，慨然代出二百元凑在他一起做一次标金生意，不料运道不好，完全蚀光。他又慨然说，我的费用来源不易，一定不要我还这二百元，所蚀的由他负责付出。虽然我再三婉却，他还是不许。他对于朋友的慷慨义侠，往往如此。

他还未赴美，忽于一个夏天患时疫，上午还是活泼泼的，下午就死在时疫医院里。我知道了好像听到晴天霹雳，泪如泉涌，急奔到尸前大哭一场，已不能和他再谈一句话了。失却了这样的一个好友，实在是我生平的一大损失。

十五　三星期的练习

初出茅庐的第一炮似乎就放得不响！

当然，我对于所做的事还不肯马虎。即如每天所译的纱市电讯，我对于其中的数目字都特别谨慎，总是很仔细地和原稿对一遍才放手发出去，因为我知道这些数目字在我看来虽毫无关系，在做生意的人们看来，错了一个数目字也许就有着很大的出入。我要么立刻辞职不干，否则在职一日，当然要尽我一日的职守。

我对于自己的职务不肯一丝一毫的撒烂污，但同时却不愿忍受任何不合理的侮辱。这时纱布交易所里有一个高级职员自恃他是所里的某要人的亲戚，对一般同事常表现他的盛气凌人的侮慢的音容。各人对他虽积恨在心，但都敢怒而不敢言，尤其是和我同办公室的那位长着两撇八字须的中文秘书，常受他的闲气。有一天他也来向我尝试尝试，用很不客气的口吻"命令"我写一封英文信，我也立刻板起面孔、严肃着嗓子，回敬他一个打击："你不要那样神气活现！我不是你个人的英文秘书！我不写！"他还想争辩，我再敬他一个打击："你不配和我多说，有理尽可径向理事长或理事会报告！"他才怒气冲冲地跑开。他一出了我的办公室，那位中文秘书就乐得跳起，急急地宣传了出去，各同事都为之欢腾，那位充满着正义感的好友余天栋，立刻跑进来欣欣然和我大握其手，大道其贺！

我老等着那个自恃有靠山的职员"借刀杀人"，来打破我的饭碗，但是等了好几天，并没有什么动静，才知道他原是一个欺软怕硬的东西！从此以后，他固然不敢再来惹我，就是对于其他的同事，也不得不稍为小心了。但是他虽然不能打破我的饭碗，我自己却很想打破这个饭碗！我是靠自食其力的人，要打破这个旧饭碗，不得不先找新饭碗，所以我在这个时候的问题是怎样找个新饭碗。

我很想进新闻界，所以我的注意又先转到这方面来。当时张竹平先生正在做《申报》的经理，我因为他是约翰同学，便借着这个关系去找他。我表示要进新闻界服务的意思，托他替我留意相当的机会。他很诚恳，据说对我在学校时的成绩也很知道，先拿一件近两万字的英文文件叫我翻译。我很卖力地把那文件在最短时间内译好送去，他看后表示满意，送我二十块钱稿费，同时叫我再等机会。

不久张先生又来叫我去。他说在申报馆里暂时有不少英文函件需要人帮忙，叫我帮帮他的忙，不过说明只是以私人的资格去帮他的忙，不算是正式职员。我答应了，每天在下午六点后，离开了交易所的办公室，便匆匆跑到他那里去。我们两人同在申报馆楼上一间小小的办公室里，在我的小桌上摆着一架英文打字机，他的办公桌上七横八竖地堆着不少待复的英文函件。依我所记得，那些信件的内容大概都是关于广告方面说服外国公司兜生意的，或是因为买报纸和外国纸张公司办交涉的。他把答复的大意告诉我，由我就在打字机上翻成英文。他对于英文的写作虽不很高明，但是对于英文写作的辨别力却很强。他办事那样认真的态度，实在给我一个很深刻的教训。你替他写的英文信，一定要把他的意思完全不漏地写出来，而且要用很有表现力的字句写出来，否则写好了他还是一定要你重新写过。你只要有一句写得不能完全使他恰意，他也要你再写过一张。不但如此，他把意思告诉你之后，你一面在打字机上的的答答地打着，他一面却在房里踱着方步，仍在转着他对于复信的念头。有时你的信打到了一半，他老先生在踱方步中抓抓他的秃头，想出了新的意思，叫你重打过！最尴尬的是有时你的全信刚要打好，他忽然抓着头想出了什么好意思，再叫你重新打过！他对于某一件要答复的事情，总是要在这件事情上转尽了念头：要说明的意思，总要说得一丝一毫不漏；如果是驳复的话，总要使得接信的人不能再开口！所以我每夜工作到十点钟，手不停止地在打字机上工作着，每封信打到最后一行的时候，总要很担心地望望那位踱方步抓秃头的朋友！每夜这样工作了几小时，走出申报馆门口的时候，总是筋疲力尽，好像生了一场大病刚好似的。

这样干了三个星期，把堆积的英文信件清理之后，才告一段落。当时我得到多少金钱的酬报，现在已不记得，但是我好像做了三星期的练习生，学得办事的认真态度，却是无价之宝；虽则我以为办理信件的时候，尤其是叫人打英文信件的时候，转念头最好仔仔细细地总转一下，不要零零碎碎地转。

后来张先生拉我加入《时事新报》，这三星期的练习也许也是一种有力的媒介。

十六　新饭碗问题

"练习生"虽做了三星期，"新饭碗"问题还是未能解决。

整个的"新饭碗"一时虽未找到，零碎的小事却接踵而来。有一位比我前一级毕业的约翰同学在上海青年会中学担任教务主任，有一级的英文教员被学生驱走，尤其是因为在那一级里有三四个"吵客"，弄得那位英文教员不得不知难而退。这位约翰同学不知从哪里听到我的教授法可以镇压"学潮"，赶快来和我商量，要我去暂行代庖。为我的便利起见，他特把功课的时间分排在午饭后的一小时，不致妨碍到我在交易所的办公时间。其实我这时只做过家庭教师，对于学校的正式教课并没有过实际的经验。但是因为他的要求非常迫切，我也还有时间凑凑，便答应他试试看，并说明是尝试性质，如果上了一两次课，学生略有不服的表示，我就不来。他答应了这个条件，我才接受他的要求。

我这次试验的结论，觉得学校之所以有学潮，除有特殊的复杂情形之外，教师自己的不行实在是主要的原因，不能完全怪学生。我在这里并不是要替自己瞎吹，表示自己是怎样"行"的好教师；我在上面已老实承认过，我此时对于学校的正式教课还是毫无经验的。可是我去给那位被驱逐的教师代庖，却也有我自己的方法。我很认真地把自己所教的功课准备好，上课的时候使学生们对于所提出的疑问得到满意的解释；等到大家没有问题可问的时候，就对学生加以考问，被问的人愈多愈好，使全课堂都有着紧张的空气；问的时候，要随手在一个小簿子上把各人答案的成绩用符号记录下来，这样使学生们知道你是在深切注意各人的平日成绩，不是可以含糊过去的；尤其是对于著名做"吵客"的几位学生，要每课都要问到，这倒不是有意和他们为难，却是使他们的精神才力转到研究学问方面去，不过问的时候却要在考问各人的当中随意问到他们，不可使他们误会是有意和他们为难；同时在课堂里要睁开眼睛时刻注意望到全课堂的各角落，使各人都知道你的注意力是在顾到全课堂的秩序，"吵客"们便没有机会在课堂上瞎吵了。在这样注意力笼罩下的课堂，偶有一二"吵客"捣乱，如向同学掷纸丸之类的恶作剧，教师只须立刻对他注目，甚至把功课暂行搁置几秒钟对他注目，全课堂的同学都会移转视线对他望望，竟可以使他面红耳赤，感到不安，没有人更愿效尤了。最重要的当然是要教师自己对于功课能够力求胜任愉快，其余的问题都比较易于解决了。

以前那位英文教员每课一句句用中文讲给学生听，学生不必自己预备，不必用工夫找字典，对他还是不满意；我渐渐使学生自己预备功课、找字典，上课用英语考问，学生不但不讨厌、不反对，反而表示欢迎，在学期末了，反而向教务主任要求叫我连任下去（虽到后来我因离开交易所，另就他业，时间上难于兼顾，没有回报他们的好意）。以我当时那样没有经验的英文教师，和驱逐教员的学生们周旋，还有意外的结果，可见制造学潮的责任不得不归功于教员自己的"饭桶"！

每星期三四小时的功课，这不能成为整个的"新饭碗"，所以我还不能不设法解决我的"新饭碗"问题。

新闻界方面一时既没有相当的机会给我尝试，我在中学校里教英文又有相当好的印象，于是觉得倘若教育界方面能有相当的机会做做看，也颇想再试试"走曲线"的就业策略。主意打定之后，便向这条路线进攻。我想起教育界前辈黄任之先生。我知道他是南洋公学的师范生，那时候还是蔡孑民先生当教员，后来的南洋公学在那时还只有一个雏形，我要和他认先后同学，当然是远得很。我和黄先生第一次见面的时候，还在南洋附属小学做小学生。记得那时他刚由美国考察回来，有一晚南洋学会请他到上院大礼堂向全体同学演讲，小学的最高两级由沈叔逵先生领导着去参加听讲，我也夹在这人群中听他演讲游美的感想。当然，那时我认识他，他并不认识我。此后一直到我想要掉饭碗的时候，和他未曾再见过面，交情当然更说不上，可是我仍旧大着胆写一封信去试试看。事有凑巧，那时黄先生所主持的中华职业教育社正在物色一个中英文都有相当可取的编辑人才，我的"新饭碗"的机会居然到来了。

十七　编译的教训

我写给黄先生的信去了之后，他便约我去谈了一次，并向我取去了几本《约翰声》。这是约翰出版的月刊，我在约翰就学的时候的中英文的作品，在这里面都可以看到一部分。后来他曾经向穆先生和当时在申报馆营业部服务的一个约翰同学调查我的为人。他们的回答是对我有了好评。不久黄先生便根据他的考察研究，决定请我到中华职业教育社去担任编辑股主任。黄先生请我去是煞费苦心的。以当时职业教育社的经济力量，只能请我担任半天的职务，因为只能出六十元的月薪，我的学费债务还未理清，这是不够我的需要的。他答应还有半天另想办法，这时附属于江苏省教育会里面有个科学名词审查会，由沈信卿先生和俞凤宾医师主持其事，需要一个人编辑已审查过的各科名词。黄先生便介绍我替该会做半天的工作，由此略得补助。所以我上半天替职业教育社编译《职业教育丛书》，下半天替科学名词审查会编辑各科名词。幸而办公的地方都在江苏省教育会的会所里面，所以还算便利。

编辑各科名词，听起来似乎颇为堂皇，其实却只是一种非常机械的呆板的工作。各科的名词草案是已经用铅字印好，订成小册子，用横排的方式，依次列着英、德、法、日文以及中文的译名，不过先后的次序还未依照字母排好。所谓编译的工作，不过先把这册子里的名词裁成字条，分成顺序，一条一条地贴入一本空白的纸簿上，以备排印。这工作显然是很机械呆板的，只是要多费些时间罢了。我一时没有别的较有意义的事做，也只好接受下来，幸而还有半天的编辑丛书职务，比较还可以调剂调剂。就是这种机械呆板的工作，我既已接受下来，却也认真地干。例如字母的前后不要弄错，各条的名词裁下之后，贴时不要有所遗漏，半天的工作不要有间断。

我辞去交易所的职务，并不是为着编辑名词的事，却是为着另外半天的编辑丛书的事情较有意义。当时我在职业教育社所主持的事有两种：一种是职业教育社所出版的月刊，名叫《教育与职业》，还有一种便是编辑《职业教育丛书》。此外每半年编写一册关于中国职业教育的英文小册子，寄往各国教育机关做宣传之用。为着要编译《职业教育丛书》，我替职业教育社定购了关于这方面的英文参考书几十种。我记得第一本编译的书是《职业智能测验》，以贾伯门博士（Dr. Chapman）著的 *Trade Test* 做主要的根据。编译专书，这在我是破题儿第一遭，但是就得到一个很大的教训。我这时只译过一本杜威著的《民治与教育》，对于编译书还没有过什么经验。我只依据着英文书的内容和顺序，依样画葫芦似的把它翻成中文，用足劲儿译成了三万多字，给黄先生看看。在我自问是很卖力的了，可是黄先生第二天却拿着我的译文，跑到我的桌旁，对我所编译的文字作诚恳而严格的批评。他所指出的要点是：我们编译这本书的时候，不要忘却我们的重要的对象——中国的读者。我们要处处顾到读者的理解力，顾到读者的心理，顾到读者的需要，而我所已写成的东西在编法和措辞方面都依照英文原著，合于英美人胃口的编法和措辞，未必即合于中国读者的胃口。我在那刹那间好像背上浇了一大盆的冷水，老实说一句，觉得一肚子的不高兴，尤其是因为很努力地编译了三万多字。但是黄先生的话却有很充分的理由，尤其是他指导青年时候那种心平气和、轻声解释的诚恳态度，使我发不出脾气。我接受了他的批评，从头写过，写完了一万字就给他看，并把全书的纲要也写出来给他看。这一次的结果和上次同样地出乎意外，虽则是在两极端的相反。他看后大加称赞，不但他自己欣赏，立刻还交给沈信卿先生看，沈先生看了也大加鼓励。

我应该老实承认，我对于职业教育并没有怎样浓厚的兴趣。（这当然不是说职业教育的不重要，也不是说我看不起职业教育，我只是就我自己的工作兴趣说罢了。）可是黄先生给我的这个教训，却很有益于我以后的著作方法，很有助于我以后办刊物的技术，所以我特把这件事提出来谈谈。我认为这是有志著述的人们最要注意的一个原则：在写作的时候，不要忘记了你的读者。

十八　英文教员

我在纱布交易所做英文秘书大概不到半年，这一段时期是我在职业界里最烦闷的时候。穆先生待我很好，优礼有加，但是这个英文秘书的职务是有名无实，所以我在那几个月简直如坐针毡。我找到了职业教育社的新饭碗，便抛弃了这个旧饭碗。我向穆先生提出辞职还不到几天，人还未离开，交易所忽因节省开支起见，裁了一大批人员，有名无实的英文秘书当然也在内。我说"当然"，因为如果我做理事会的当局，也觉得这一个职位可裁。但是有一点却使我自幸的，由于我一向不愿居于有名无实的这个职位，惶惶然找新饭碗，总算安然改业，否则也许还有一段青黄不接的失业时期，而在"由手到嘴"的我，失业却是一个很困难的问题。

我觉得我们做事，要做到使人感到少不了你。这并不是要包办或有所要挟的意思，是说我们要尽我们的心力，把职务上应做的事（这里指的当然是有益人群的事，不是残害人群的事）做得尽量的好，使人感到你确能称职，为着这个职务起见，不肯让你走开，或至少觉得你的走开是一件很可惜的事情。同时我又深信有名无实的事情终于不能长久的。诚然，像纱布交易所的英文秘书，并不是我不把英文秘书的职务做好，却是在事实上没有什么事——合于这个职位的事——可做。一个有名无实的职位被裁撤是一件毫无足怪的事情。

我的新饭碗仍然只有一半是名副其实的事情，那就是半天替职业教育社编辑月刊和丛书。还有半天不是没有事做，可是不能称为什么编辑。在这个时候，有一段时期，因为平海澜先生创办海澜英文专门学校，离我的办公处不远，每星期被他拉去教两三小时的书，课程是英文文学和英文地理，教的时间都排在我的办公时间以外的时间，有的在清早，有的在午饭后。这是零星的"外快"工作，算是帮帮朋友的忙。

大概过了一年光景，当时在中华职业学校担任校长的顾荫亭先生正在物色一个英文教员，想到了我。刚巧我所"贴"的科学名词也可以告一段落，于是便接受了他的聘请。从那时起，每日上半天便在中华职业学校教英文，并兼该校的英文教务主任；下半天仍在职业教育社主持编辑股的事务。夜里是用来预备教课、修改卷子和自己阅看书报等等。

我在加入时事新报馆以前，对于教书的这个职务却有着不少的缘分。其中陆陆续续的教书生活，在上面已谈过了一些。自从兼任中华职业学校的英文教员，一兼就兼了七八年之久。直到加入时事新报馆为止。最初请我去的是顾先生，后来经过的校长还有黄伯樵和潘仰尧两先生。我始终要感谢这几位先生的，是他们肯优容我这样一个"硬汉"的英文教员干了许多年。我觉得随便换一个别的不是以教务为前提而只以营私植党为得计的校长，我老早就要滚蛋的。

中华职业学校在当时只有两科：商科和铁工科。商科对于英文的课程特别注重些，约等于高中的程度。英文教员大概有四五个。英文教务主任的职责是要排列课程、分配钟点、选定课本、协助教员解决问题等等。这种职责大概都是在开学和学期终了的时候特别忙些，平日主要地还是执行我的教书职务。讲到教英文，我对于这件事的兴趣比"贴"名词好得多了。因为兴趣比较的好，所以虽在每天上午要教三四小时，忙而不甚觉其苦。而且在英文教授方面，自信还不无一些可取之处。现在有些朋友或是职校毕业的同学，谈起我当时的英文教授法，还大加谬奖，我听了虽觉惭愧，但是在当时却费了一番功夫。现在虽脱离了教书的生涯，回念前尘，有如隔世，而且在这许多年来，从事教英文的先生们，对于教授法一定有了很大的进步，原用不着我再来献丑，但是仍想乘此机会贡献一些我的意见，也许可给有意研究英文的朋友们做参考。

我在这里要把英文当作"学问的工具"看，注重应用方面。我们教英文，原可有两种目的：一种是把英文做研究其他学问的工具；一种是把英文本身就作为文学的研究。我不是英文文学家，也不过把英文看作工具用，所以只能谈谈前一种。

十九　外国文和外国教师

教外国文的教师，最理想的当然是外国人。例如教法文请法国人，教英文请英国人或美国人。（英国人的英文和美国人的英文也有差异，尤其是口头语，虽则他们是彼此看得懂、听得懂的。）这倒不是我要盲目地崇拜外国人，却有我的理由。

试以英文为例。学习英文者所学的技能不外三种：说、看、写。教英文的人所应该教好的也是说、看、写。先讲"说"。教"说"的人先要自己说得好；要说得好，最起码的条件是要：（一）发音正确，（二）成语适当。无论发音或成语，都要很自然。这就一般说，只有这语言的本国人才可以无憾，虽则在极少数的别国人也有例外。依我们寻常的观察，往往湖北人有湖北口音的英文，江西人有江西口音的英文。（这只是随便举例，并不是说湖北人或江西人就教不好英文，下例同。）即就更小的区域说，也往往无锡有无锡口音的英文，宁波有宁波口音的英文。我曾在上海看见一个宁波籍的英文教员，虽教了多年的英文，对于教授法不无心得，但说的却是满口宁波音的英文，我就很替他的学生们担心！这并不是说只是中国有这样的情形；英国人说法语，或俄国人说英语，也常有相类的毛病。以他们彼此间的文字相类，还不免有这样的毛病，那么以特异于西洋各国文字的中国，中国人可告无愧了。可是无论如何，教英文的人如把"走样"的英文或语音辗转教给学生去学习，这确是一件很不妥当的事情。例如一个满口宁波音英文的那位朋友，他自己勉强可应用这样"走样"的英语，在需要英语的场所，勉强可以达出他所说的意思，这于他当然比"走样"英语都不懂的好些，可是要把他的"走样"的英语教给学生，以误传误，那就是很难恕谅的另一回事了。

讲到成语，有些人的脑子里不是没有若干成语，但是用起来，叠床架屋，拖泥带水，如由说那种语言的本国人用来，就不是这样的。倘竟大胆把这类"走样用法"教给学生，也很显然是不妥当的事情。我就亲见一个留美学生用这样"走样用法"教他的学生。学生的耳朵平日熟于这种"走样用法"的浸润熏陶，英文是永远学不好的，至少要用很大的功夫才能纠正过来，这是一件多么不经济的不幸的事情！

看的能力和写的能力的严格训练，尤其是后者，要获得"自然"的良果，那也只有请外国人做外国文教师最为妥当。

教会学校诚然有不少的流弊。但是关于这一点，即用外国教师教外国文，却不无它的优点。就是在外国教师教外国文的情况之下，还不免有人在所学的英文中保留着他的乡音；如果尽由夹着中国乡音的英文教师以误传误，那不是要更糟吗？

有些人到外国去留学，却未先把那个外国的文字弄通，到了外国才开始补习那国的文字。这在经济上固然很不合算，但是有件事实却是无可疑的，那就是在外国环境中，由外国教师教外国文，在效率上确有事半功倍的优点。这是在国外求学，对外国文的研究特别注意的人所共同感觉得到的。在德国补习德文，或在法国补习法文，进步的速率，不是在别的地方所能比拟的。这虽不是人人办得到，但那一国文字最好请那一国人来做教师，却是比较适宜的办法。

不过就中国的情形说，要各校的外国文都请外国教师教，在经济上也许是不可能的。既是在事实上不可能，我竟说了一大堆的话，不是辞费吗？却也不然。我所以特别郑重先把这一点提出来，是要特别注重英文教学法的根本问题。倘若教英文的人，不得已而求诸中国人，即由本国人教外国文，对于这一门课程的知识技能，也须努力有充分的修养，也须努力求得和外国教师差不多，否则便不免要"误人子弟"！

二十　一个基本原则

我以为做英文教师的都须懂些语音学（phonetics），不是要用来教学生，却是教师自己要用来作为一种重要的参考材料。有了这种参考，关于发音正确方面，可以得到很好的保障。就是你的音本来正确，再懂些语音学，于教授的时候也有很大的益处。所以我做英文教员的时候，对于语音学是有过相当的注意，虽则我只是用来使我的英文教学增加效率，并没有意思要做什么语音学专家。

此外关于英文教学法方面，我有个很简单却非常重要的基本原则：那就是在英文课堂里，要用全部的时间使学生听的是英文，讲的是英文，看的当然也是英文；非万不得已的时候，最好一个中文字都不讲（所谓万不得已的时候，也许有时遇着一个名词，用中文解释一下最容易明白，但也只可说一次，不宜多说）。这个原则也许有人觉得不必，甚至有人觉得中国人何以不许说中国话？固然，我们有时在电车里（尤其是在上海这样的地方）听见中国人和中国人谈话，抛弃本国话不用，却用起外国语来，好像要以此骄人似的，这是最可厌恶的卑鄙的心理。但是不要忘却的是我们在这里所指的地方是在英文课堂里，更不要忘却我们在英文课堂里是要尽量用最好的法子达到我们学习英文的目的；为着这个特殊的目的，在这样特殊的地方（指英文课堂），必须应用这个原则：教师和学生都须用全部的时间来讲英文、听英文。我在教英文的时候，开宗明义第一章，就是要使我的学生明白这个原则，相信这个原则。我很郑重地告诉他们：倘若他们不明白这个原则，不相信这个原则，他们不必来上我的英文课，因为他们的英文就很少有进步的希望。尤其是从一九二六年，中国革命高潮发生以后，有些青年发生误解，把仇视帝国主义的心理也应用到仇视外国文方面来：一方面虽到课堂去学习外国文，一方面却满不高兴地在课堂里听外国语，讲外国语，所以我更要在开始教他们英文的时候，消除他们的这种误解。我对他们指出：如果他们不能消除这种误解，就索性不要学习外国文，否则便是糟蹋时间和精神。如果遇着学生的英文程度较浅的一级，我上第一课的时候，也要用一小部分的时间，用中文说明这个原则的要旨，使学生们彻底明白，随后便抱定在英文课堂里不说中国话的决心。

我很不愉快地说，就是在今日，我们在有些学校里，还可以看到外国文教师用着二三十年前的老古板的教授法：由教师在课堂里向学生用中国话逐字逐句逐段讲述外国文的课本！在教外国文的课堂上，有着一大半的时间说的是中国话，听的是中国话！就是那一小半时间里，学生所听的外国文，也只是注意中文的意思，对于外国文还是很隔膜的、很生疏的，因为学习任何外国文都要靠反复多次的练习，不是听用中文逐句讲一下就能收效的；而这种练习——说的练习，听的练习，乃至看的练习——都要由教师和学生共同做的，虽则教师是处于领导、纠正、推动和鼓励的地位。

谈到这里，诸君也许要发生一个疑问：学生的英文程度已经有些根底的，对于教师的英语诚然可以了解，但是初学的学生怎样就听得懂呢？

这个问题确是值得注意的。但是这个问题可用直接教授法来解决。这并不是我发明的教法，只是采用来解决这个问题罢了。这个教法说来也没有什么稀奇，简单的内容只是用英文教英文，不用中文教英文。因为初学的学生不能立刻听得懂，所以一定要先从实物入手，从可见的行动入手。教师要把实物带到课堂里去，拿什么给学生看的时候，就把什么名词说给学生听，同时叫学生随着你说；随后你可以做相当的行动给他们看，同时把这种行动的说法说给学生听，并叫学生随着你说。先从身体，身上可见的一切，课堂内可见的一切，学校内可见的一切，慢慢儿推到一般社会的事物。先由教师帮助学生练习得烂熟，用种种问句和答语练习得烂熟，然后叫他们翻开书本来看。他们看书的时候，对于其中的意义和读音已经烂熟了，所注意的只是拼法和写法罢了，用不着教师再用中文来解释英文了。这种教授法，在教师方面当然比依样画葫芦地讲一遍——用中文讲一遍——来得吃力，但是在学生方面却可以得到较大的益处。

二十一　进一步的研究

上次所谈过的直接教授法，只是对初学而言，略进一步，最重要的事情是要训练学生用英文字典。最好是要用英文注解的字典，至少也要用中英文注解的字典，这样不但可以得到正确的意义，而且也可于无意中多学得几个生字。况且教师用的既是直接教授法，在课堂里不许用中文回答，学生亦非用英文注解的字典不可。用英文字典的方法很简单（对于注音的符号和重读的学法要叫学生注意），重要的是在用得熟，用得惯；要能用得熟，用得惯，全在乎多"用"。要使学生勤用字典，只须使学生养成自己预备功课的习惯。像那样用中文讲解的老古板教授法，学生便无须勤用英文字典了。我们要知道，教师的重要责任是要训练学生养成独立研究的精神和能力，并不是仅仅在课堂里教了一些课本上的东西就算了事的。就英文一科而说，要训练学生养成独立研究英文的精神和能力，勤用英文字典的习惯是绝对必要的。所以英文教师应于每次上课的时候，指定下一次的功课；开始的时候，所指定的页数可以少一些，渐渐地可以增加。学生在下次上课以前，自己就要利用字典把所指定的功课预备好。他们在预备的时候，不但要把每个生字的意义弄明白，而且要把全课的意思弄清楚——要弄到上课的时候，关着书能用英语把要点说出来。这和训练看的能力是很有关系的。依我教学的经验，最初就用直接教授法教的学生，训练他们这样自己预备书，可以毫无困难。如果学生在开始时就受了用中文讲解的遗毒，这方法便比较地有些困难，用的时候便不可过于求速；例如在开始的时候，所指定的功课页数要特别地少，慢慢地一点点增加起来，否则使学生过于感觉困难，反而容易破坏他们对于研究的兴趣，消失他们前进的勇气。

要使学生在上课前自己预备所指定的功课，这原是一种很平常的教法，不过因为到现在我国学校里还有许多仍死守着用中文讲解英文的老办法，所以仍值得提出来说一下。

其次便要谈到上课时教师考问学生的事情。教师问的时候，应该也把自己的书关拢来，这样公平的态度，可以给学生一个很好的印象。问的时候，对每个学生不要问得太多，每次要在可能范围内使越多学生被问到越好；这样一来，学生知道不易躲避，大家都要用心预备。但也不可问得太少，如果每人只问一句简单的话，容易使预备好的学生觉得表现太少，不易引起兴趣。教师一方面要注意自己的问句是好英文，一方面也要注意到学生答语的结构。他要知道这个时候不但是问读本，同时也就是训练会话，纠正发音和语调，研究文法的结构，在这种种方面都要顾到教育的效用。教师每次对于各个学生考问的结果，都要在簿子上记下来，使学生知道教师是在很认真地记载他们的成绩。

除考问之外，还要匀出一部分时间，叫几个学生各读一段，听听他们的读法对不对，并叫几个学生分析一段书的文法结构。我教英文，对于文法的钟点是向来主张要减少的，特别注意在读本中研究文法。这样研究文法才是活的实际的研究法。学生在读物中能够明白每句每段的结构，文法上的死法则不记得，那是毫无关系的；而且有许多结构上的巧妙，不是文法书所能包括的，也只有在读物中才能看到。

除上面所说的几点外，还有一点也很重要：教师每一次要把书里的最有用的生字和成语特别指出，用笔画出来，并叫学生也要用笔画出来。这对于学生的英文生字和成语的丰富，有着很大的关系。有许多学生在写作的时候不是没有意思要发表，却是因为生字和成语不够用。这种困难的克服，没有别的什么巧妙，唯一的办法只有努力"积蓄"最有用的生字和成语。（字句和段落的结构法，同时也要顾到。）"积蓄"不能仅由硬记隔离开的生字和成语，尤其重要的是要彻底明白怎样运用的方法，所以必须注意研究上下文的意思。学生知道运用这种研究法之后，他们即在自看课外的读物，重复几次遇着同样或同类的成语，也知道特别注意，把它"积蓄"起来。

关于考问学生对于成语的"积蓄"，我常常用笔试；每星期至少有一两次，每次只出十个题目，只费学生一刻钟，所以多试并不妨碍正课的进行。笔试的时候，是抽取书里最有用的句子，读着令学生默写，把成语空出，叫他们自己把所知道的填写进去。每次各人的笔试成绩，教师也要在簿子上记载下来。

教师每次收去的考试卷，只要在错误处用红笔画出，第二次上课时交还学生自己改正后再交进来。这样可使学生对于所错的成语得到更深刻的印象，将来用的时候不易再错。

二十二　写作中的"积蓄"

　　上两次所谈过的是关于英文的说和看的方面，现在要谈谈怎样训练学生的写的能力。

　　写的能力当然和看的能力有着很密切的关系。我已经说过，中国学生不是没有意思发表，往往苦于所习的英文生字和成语不够用；要补这个缺憾，只有在看的时候注意"积蓄"最有用的生字和成语。可是仅在看的时候"积蓄"还不够，还要训练他们在写的时候也要下"积蓄"的功夫。这又怎么说呢？需要相当的解释。

　　学生们所用的读本的内容，大概不外乎故事或传记之类，并且是分章的。每遇学生读完一章的时候，我就叫他们各人在课外预备一篇短文，把那章的内容要点，用自己的结构重新写出来。这种短文的长短，可根据原文的长短和学生的能力而酌定下来。开始的时候，可限学生写两页或三页，以后可略为增加。这短文当然不可和书上的原文一样长，那样，学生便没有运用自己重组能力的余地，所以要比原文短，使学生要用一番思考和选择。这短文的内容要能尽量包括原文的全部要点；如果学生只是随便抄录一段，那是要不得的。这短文既比原文要短，又须包括原文全部的要点，所以学生尽管用着原文里的许多生字和成语，却并不能把原文照抄下来。但是因为要用着原文里的许多生字和成语，便在写的里面也包含着"积蓄"的功用。当然，有些学生在课外还自己看些英文的书报，如果他看得有心得，也另有些生字和成语运用在这短文里面，只须是用得好，也是可以的。这种地方，做教师的也可以鼓励学生的自动研究的精神。

初学英文写作的学生，通常往往因为所有的生字和成语不够用，文法的知识也不够用，而教师的英文题目却摆在他的眼前，他为交卷计，不得不瞎写一阵；生字和成语固然用得一塌糊涂，大半都是"独出心裁"，只就他所有的中文的语句，"捏造"成不中不英的语句来塞责，文法也是乱七八糟的。教师看了只有皱眉，改不胜改，叫苦连天，大怪学生的不行，不知道学生也不是愿意自己这样不行，无奈脑里"空空如也"，"行"不出何！用上面所说的那样办法，学生写的时候，有书里的原文做参考，文法不错，就是有也极少，辞意的表现也不必求助于"捏造"的不中不英的语句了。

这种短文须学生于课外自己预备好，然后在课堂上写出来。他们在课堂上写的时候，可以看原书，但是不许看自己所预备的稿子。这理由很简单。学生在外面的时候，也许因为自己的程度差一些，要请教请教比较高明的同学，甚至难免有一两次请人代写（虽则这是不应该有的，但是在最初的时候，在事实上也许不会完全没有），本人也不得不用心，把这短文原稿的意义和结构弄清楚、记清楚，否则在课堂上既不许看原稿，也仍然是写不出的。学生在课堂上写的时候，所以许他们翻阅原书，这倒没有什么重要的意义，我觉得只是给学生一些便利，使他们不要感到过分的困难，对原稿不必用死记的功夫。学生觉得既有原书可以做参考，在精神上也似乎可以减少过于紧张的苦痛。他们在课堂上写的时候，不但可以带原书做参考，还可以带字典到课堂上来用。

学生这样开始练习写作，不但于他们大有益处，就是做教师的看卷子，也可以减少许多麻烦或甚至于苦痛！教师改卷子的时候，只须把不妥当的地方（无论是字的不妥，或是文法的不妥）用红笔画出，下次上课时发还学生，叫他们自己在课外改好后再交进来。有的学生需要发还三次，修改三次。为鼓励起见，教师在第一次发还给学生的卷子上都要依成绩的优劣，注明ABC等的等次，并另在簿子上记下来；第二次的修改也要把成绩记下来。每次全体文卷这样结束之后，教师还应把这次各文卷里所犯的较大的错误，在课堂上提出来解释或讨论。

这样写作每做若干次后，可用一次来出一个学生所熟悉和有经验可以表现的题目，让学生自由（即不必根据书本）做一次文章，成绩一定是有相当可观的。

二十三　一种有趣味的工作

我因为做过七八年的英文教员，便噜噜苏苏地讲了一大堆关于英文的教授法或研究法，但这不是什么英文教授法的书，我就把这件事告一结束吧。倘若这里有些意思可供给诸君研究外国文的参考，那就算是没白说的了。

我这七八年的英文教员都是兼职，还有一半时间仍在职业教育社里做我的编辑的工作。所以自我出了学校以来，除最初的半年时间做着"有名无实"的英文秘书之外，可以说一直到现在没有和编辑的生涯间断过关系。编辑的职务最合于我的个性，关于这方面，以后再谈，现在让我再谈谈关于教员的职务。做教员，在我也可说是一种有趣味的工作。我尤其感觉愉快的，是可由这样和天真的青年接触。我觉得青年都是可爱的，虽则有时也有一两个使你感到不舒服，但是仔细想来，他自身也有特殊的原因而不能任咎的。像我将要谈到的一个低能学生，便可做个例证。讲到大多数的青年学生，只须教员教得认真，教得好，赏罚公平，青年学生没有不敬爱教员的。

做教员在我既是一种有趣味的工作，我为什么后来不干呢？这里面至少也有两个理由。一个是我的性太急，看见学生有时答不出，或是错误多了一些，我很容易生气；对于这种学生，我易于疾言厉色，似乎予人以难堪，事后往往懊悔，第二次遇着同样情形时仍不免再犯这个毛病；这样容易生气不但觉得对不住我的学生，对于我自己的健康也有损害。我觉得忍耐性也是做教师的应有的特性，我的忍耐性——至少在教学方面——太缺乏，因此我觉得自己还不十分适宜于做教员。第二个原因是：因为经济的关系，教员的钟点太多，夜里缺乏自己看书的时间。我每日上半天要教三四小时的功课，这还不打紧，但课外应该为着学生做的工作还是很多，修改考卷和文卷就要费了很多的时间，都不得不在夜里做。这样一来，除了全天的紧张工作外，夜里的时间也是不自由的，自己看书固然没有了时间，一遇着有应酬，或其他的临时事情，往往不得不"开夜车"。因为有着这两个缺憾，所以不得不抛弃教员的生活。

当然，我不是想抛弃就立刻抛弃，因为这不是我的经济能力所许。我一面要留心适宜的机会，一面对于我的职责仍然是要很认真地做去的。因为我对于我的职责要认真，所以我对于我的职权也不得不认真。关于这一点,我还记得有一件事可以谈谈。我有一年在所教的商科三年级里遇着一个低能学生。他在别科的成绩怎样,我不知道,但至少关于英文这一科,他所表现的是低能儿。我平日对于学生的成绩都有很详细的记录。平日记录好的学生,在大考的时候尽可放心,因为就是在大考的时候不幸考得不好,无论如何也不会不及格的。而且我对于分数的计算也不愿斤斤较量,差几分分数我都认为应该通融,因为分数这东西本来只能表现个大概。这个学生的平日成绩总结算起来不过十分(六十分及格),大考的成绩不过五分,这相差实在是太远了。这样的学生怎样能升到三年级,在我已莫名其妙。后来仔细打听一下,才知道他的父亲是有着相当大势力的。他做着某教育会的干事,对这个学校的董事们都有着密切的关系!但是我做的是英文教员,所知道的是英文的成绩怎样,不知道学生背后的"势力"的大小。他补考后仍得到不上十分的成绩。我对此事的办法是决定他不能升级。这个决定居然引起了一个轩然大波!这位自信有势力的父亲跑到校长那里去大办交涉,他的理由是我对他的儿子有成见。我把平日的记录给校长看,校长没有话说。我并向校长声明,如果这样的学生可以升级,我要立刻提出辞职不干,请他另请高明。校长被他缠绕得没有办法,老实说这是某某(指我)的职权,你可以和他去交涉。他不敢来和我交涉,却直接跑到两个校董那里去糟蹋我,幸而那两位校董平日知道我在校里教学的情形,竟给他一顿教训!我倒不怪这个学生,因为他并非不肯用功,无奈他的那个父亲给他一种先天低能的"礼物",这并不是他自己所能负责的。后来听说他的那个很有钱的父亲已出巨资送他的这个儿子出洋留学去了！

这件事所以使我不能忘的，是我经过了一番坚持的斗争。校长终于没有屈服于有"势力"的学生家长，而牺牲我的职务，这一点是值得称赞的。

二十四　现实的教训

我半天教书，半天编辑。最初除主持月刊外，是编辑丛书，这在前面已经谈过了。前后大概替职业教育社编译了半打以上的丛书，都由商务出版。我自问对于职业教育并没有什么心得，这几本书只是我在职务上不得不交的卷子罢了！可是在这段时期里有一件事颇有一谈的价值的，那是参加职业指导运动。当时刘湛恩先生带着博士头衔从美国回来，他在哥伦比亚大学里研究过职业教育，职业教育社请他来帮忙，组织了一个职业指导股，由他来担任主任，由我用着副主任的名义襄助进行。我们共同发起了职业指导运动，接洽各校（中学）举行职业指导运动周。在这一周里叫学生填注我们特备的职业指导表，按日请专家演讲。最后由我们和青年作个别谈话。在职业指导的原理方面，由职业教育社同人如黄任之、杨卫玉、刘湛恩以及客串庄泽宣诸先生担任，我自己也夹在里面凑热闹。关于专门的各部门，如各专业的指导，便就各地请各该业的专家参加。因这件事，我和杨卫玉先生还跑了好几省的地方，在各处都接洽若干中学举行职业指导运动周。我所感到兴趣的是乘着这个机会和各地的青年谈话，并到各处观察观察社会的情形。最后我还和庄泽宣先生各人根据在各处提倡职业指导的实况，编著了两本书，加入职业教育丛书里面去。可是说来也许有些奇怪，我愈研究职业指导，愈在实际方面帮着职业指导呐喊，愈使我深刻地感觉到在现状下职业指导的效用很有限，愈使我想跳出职业指导的工作！这里面的理由说来也很简单。职业指导和教育指导是分不开的，在中国的现状下，进小学校还要经过竞争考试；中学以上的学校，你要学什么，不见得就有你所要进的学校，就是有，好的不易考，坏的不愿进；此外还有经济问题也不是空言指导所能解决的。职业指导和现实社会的职业状况当然更是分不开。在中国的现状下，谁都看出职业界是一团糟，有许多地方用人并不根据真正的才能，只靠背后的势力怎样，或是位置私人；有许多地方受着不景气的影响，虽想用人而不敢用；结果除少数例外，往往不免所用非所学，甚至于出了学校便须立即加入失业的队伍里去！在这样的状况下，我虽不敢说职业指导一点没有用处，但是不得不承认所受的限制实在太多太大了！

说句好笑的话，我在这时期里参加了职业指导运动，对于青年究竟有着什么实际的效果，我实在不敢说，可是对于我自己确有着很重要的"指导"作用！什么"指导"作用呢？使我从这里面感到惭愧，感到苦闷，感到我的思想应该由原来的"牛角尖"里面转出来！换句话说，这现实的教训使我的思想不得不转变！

我一方面在意识上虽有这样的觉悟，一方面对于我的职业指导的职务——我当时的一部分职务——仍然是很认真地干着。但是这个"干"只是"职务"上的事情，只是"毋忝职守"的"道德"在后面推动着，并不能唤起我的兴会淋漓的精神，并不能使我的全部身心陶醉在这事业里面。

但是能使我干得兴会淋漓，能使我的全部身心陶醉在里面的事业，竟渐渐地到来，虽则只是渐渐地到来。这是什么呢？这是民国十四年十月间创办的《生活》周刊！

我不能掠人之美，《生活》周刊并不是由我创办的。当时职业教育社原有一种月刊叫作《教育与职业》，专发表或讨论关于职业教育的种种问题，但是该社同人觉得月刊要每月一次，在时间上相隔得比较的久一些，只宜于发表理论或有系统的长篇事实；为传布职业教育的消息起见，有创办一种周刊的必要，这是最初创办《生活》周刊的意旨。这和以后的《生活》周刊的内容虽差得远，但最初创办时的意旨确是不过这样。这时它的意旨既是这样，所以大部分的篇幅都是登载各报上搜集下来关于职业教育的消息。除这种消息外，头上有一短篇数百字的评论，随着有一两篇一两千字的论文。《生活》这两个字的名称是杨卫玉先生想出的，第一位的主笔公推新由美国学银行学回国的王志莘先生担任。主笔的每月薪水只是四十元，在王先生当时也不过是一种兼职，他原是职业教育社的一位老同事，初回国后时间略闲，所以来帮帮忙。其余同人轮流帮着做做文章，我在最初也不过轮流帮助写些文章的一人而已。

二十五　一幕悲喜剧

在我再续谈《生活》周刊的事情以前，有两件事可以先谈一谈。第一件是关于我的婚姻，第二件是我加入时事新报馆。

第一件虽是关于个人的私事，但是也脱不了当时的社会思潮的背景。大家都知道，接着五四运动以后的动向，打倒"吃人的礼教"，也是其中的一个支流，男女青年对于婚姻的自由权都提出大胆的要求，各人都把理想的社会和理想的家庭混做一谈，甚至相信理想的社会必须开始于理想的家庭！我在当时也是这许多青年里面的一分子，也受到了相类的影响，于是我的婚姻问题也随着发生过一次的波澜。

我的父亲和我的岳父在前清末季同在福建省的政界里混着，他们因自己的友谊深厚，便把儿女结成了"秦晋之好"，那时我虽在学校时代，五四运动的前奏还未开幕，对于这件事只有着糊里糊涂的态度。后来经过五四的洗礼后，对这件事才提出抗议。

我的未婚妻叶女士是一位十足的"诗礼之家"的"闺女"，吟诗读礼，工于针黹，但却未进过学校。这虽不是没有教育的女子，但在当时的心理，没有进过学校已经是第一个不满意的事实；况且从来未见过面，未谈过话，全由"父母之命"而成的婚约，那又是第二个不满意的事实。但是经我提出抗议之后，完全和五四运动的洗礼毫不相干的两方家长固然大不答应，就是我的未婚妻也秉着"诗礼之家"的训诲，表示情愿为着我而终身不嫁。于是这件事便成了僵局。但是因为我的求学费用，全由我自己设法维持，家里在经济上无从加我以制裁，无法干涉我的行动。在两方不相下的形势里面，这件事便搁了起来。直到我离开学校加入职业界以后，这件事还是搁着。但是我每想到有个女子为着我而终身不嫁，于心似乎有些不忍，又想她只是个时代的牺牲者，我再坚持僵局，徒然增加她的牺牲而已，因此虽坚持了几年，终于自动地收回了我的抗议。

我任事两三年后，还清了求学的债务，多下了几百块钱，便完全为着自己的结婚用得精光。我所堪以自慰的是我的婚事的费用完全由自己担任，没有给任何方面的丝毫的牵累。家属不必说，就是亲友们，我也不收一文的礼。婚礼用的是茶点，这原也很平常，不过想起当时的"维新"心理，却也有可笑处。行礼的时候新郎要演说，那随他去演说好了，又要勉强新娘也须演说。这在她却是个难题，但是因为迁就我，也只得勉强说几句话；这几句话的临时敷衍，却在事前给她以好几天的心事。这也罢了，又要勉强岳父也须演说。这在男子原不是一个很难的题目，可是因为我的岳父是百分的老实人，生平就未曾演说过，他自问实在没有在数百人面前开口说话的勇气，但是也因为要迁就我，也只得勉强说几句话。他在行礼前的几天，就每天手上拿一张纸，上面写着几十个字的短无可短的演说词，在房里踱着方步朗诵着，好像小学生似的"实习"了好几天。可是在行礼那天，他立起来的时候，已忘记得干干净净，勉强说了三两句答谢的话就坐了下来！我现在谈起当时的这段情形，不但丝毫不敢怪我的岳父，而且很怪我自己。他老人家为着他的自命"维新"的女婿的苛求，简直是"鞠躬尽瘁"地迁就我。我现在想来，真不得不谢谢他的盛情厚意，至少是推他爱女的心理而宽容了我。我现在想来，当时不该把这样的难题给他和他的女儿做。

　　结婚后，我的妻待我非常的厚。她的天性本来非常笃厚，尤其是对于她的母亲。我们结婚不到两年，她便以伤寒症去世了。她死了之后，我才更深刻地感到她的待我的厚，每一想起她，就泪如泉涌地痛哭着。她死后的那几个月，我简直是发了狂，独自一人跑到她的停柩处，在灵前对她哭诉！我生平不知道什么叫作鬼，但是在那时候——在情感那样激动的时候——并无暇加以理解，竟那样发疯似的常常跑到她的灵前哭着诉着。我知道她活的时候是异常重视我的，但是经我屡次的哭诉，固然得不到什么回答，即在夜里也没有给我什么梦。——老实说，我在那时候，实在希望她能在梦里来和我谈谈，告诉我她的近况！这种发疯的情形，实在是被她待我过厚所感动而出于无法自禁的。我在那个时候的生活，简直完全沉浸于情感的激动中，几于完全失去了理性的控制。

二十六　一年的练习

民国十六年，张竹平先生接办《时事新报》，他自己担任董事长，拉我去担任秘书主任。当时张先生对于《时事新报》抱着很大的希望，拉的人很不少，总经理由潘公弼先生担任，总主笔由陈布雷先生担任。张先生仅主持大计。我和潘先生都全日在馆办公，我们两人在一间办公室里。潘先生当时在新闻界已有了十几年的经验，我和他相处一年，在学习方面得到不少的益处。我以前曾经谈过在申报馆里"练习"了三星期，我在时事新报馆工作的一年，是我生平更有意义的"练习"的时期。我常觉得我的这一年的"练习"，比进什么大学的新闻科都来得切实、来得更有益处。

时事新报馆的事情既需要全天的工夫，于是我决定把英文教员的职务完全辞掉。《生活》周刊办了一年多之后，已渐渐发达起来，在事实上全个半天都用在这个刊物上面。到了这个时候，因为时事新报馆需要全天，我便和职业教育社商量，把在职业教育社的半天工夫移到夜里来，于是我开始天天做夜工。

白天在时事新报馆做的事情，给我一个很好的"练习"的机会，因为我的工作几乎包括全报馆的内容。我的职责是秘书主任，除编辑部的通信稿外，全馆的各部信件都集中在我的办公桌上。关于全馆各部的来信，都先经我阅看，除应由总经理办理的文件由他抽出酌办外，其余的文件便都由我注明办法，分送给各部去办；各部根据情形，分别起草复信的底稿后，仍汇送到我的办公桌上，由我核定后缮发。其中遇着要和总经理商量的事情，便立刻和他商量后决定办法。这样一来，我和全馆各部的事情，都有着相当的接触，所以我说这个职责给我以一个很好的"练习"机会。尤其使我得益的是潘先生对于新闻业经验的丰富。他对于新闻业的种种方面都很熟悉，因为他都经历过的。他在编辑方面，由校对到总编辑和总主笔，都干过；在营业方面，他也干过种种职务。因为他对于各部分的工作内容都有透彻的了解，所以他解决各部分问题的时候都有独到的见解。我在人生观方面、政治的和社会的思想方面，虽和潘先生的未必相同，但是我对于他的办事的经验，处理问题时的镇定安详，对人接物的恰当，都应该表示我的敬意——至少是在我和潘先生做同事的时期内。

依我在当时所观察，潘先生处理事务有一个特长，那就是他用坚决的态度解决职务上的当前的各问题，一点都不着急，一点没有疾言厉色。任何同事进来和他商量什么事情，或甚至和他大起争辩，他总是对事对人根据他的见解做坚决的应付，很从容不迫地作坚决的应付，无论如何，总是始终和和气气的，从没有看见他发过脾气。我是个性急朋友，关于这一点，我很惭愧学不到他。我也明白，应付事情，或应付人，只须根据所决定的办法作沉着的应付就是了，只须能把事情或人应付得了，何必要发脾气？发脾气只是一种无补于事的耗费，徒然恼了自己，难堪了别人！原来没有职权解决某事的人，发脾气无用；已有职权解决某事的人，发脾气不必。但是这种涵养的功夫却不是一件容易的事情。

张竹平先生应付事务的精明详密，我在申报馆"练习"三星期的时候，已领过他的教了。在时事新报馆的一年间，更有充分的时间来领略他的精明详密。可是他对于我是不得不失望的。这倒不是因为我撒了他的烂污，也不是我对于秘书主任没有尽职，却是因为他对于我的希望没有达到。他似乎很有意要把我造成一个英文广告员。这英文广告员的本领是要能往各洋行游说、接洽，已登的人家肯增加广告费，未登的人家肯来登。我因为不愿就辜负他的一番厚望，也曾经努力过几次，其中也有几家成功过，但是我每次一看见那像理人不理人的搭足臭架子的洋鬼子的臭脸，就引起了我的一万分的精神上的苦痛。我宁愿饿死，不愿和这类东西敷衍，因此竟无法引起我的自动的兴趣来。要我勉强做一个英文广告员，比要我勉强做一个工程师还要难过十万倍，虽则这两种职业的性质是迥然不同的。

不久因为《生活》周刊的突飞猛进，需要我的全部的时间，便自动地辞了时事新报馆的职务，由此也和英文广告员的苦痛永诀了！

二十七　聚精会神的工作

现在请再回转来谈谈《生活》周刊。

关于《生活》周刊，我在《萍踪寄语》初集里也略为谈到，也许诸君已知道大概了。这个周刊最初创办的时候，它的意旨和后来的很不相同，只是要传播传播关于职业教育的消息罢了。当时我对于这件事并不感到什么兴趣，甚至并不觉得这周刊有什么前途，更不知道我和它后来会发生那样密切的关系。在事实上当时看的人也很少。大概创办了有一年的光景，王志莘先生因入工商银行任事，没有时间兼顾，职业教育社因为我原担任着编辑股主任的事情，便把这个周刊的编辑责任丢在我的身上。我因为职务的关系，只得把它接受下来。当我接办的时候，它的每期印数约有两千八百份左右，赠送的居多，所以这个数量并不算多。我接办之后，变换内容，注重短小精悍的评论和"有趣味、有价值"的材料，并在信箱一栏讨论读者所提出的种种问题。对于编制方式的新颖和相片插图的动目，也很注意。所谓"有趣味、有价值"，是当时《生活》周刊最注重的一个标语。空论是最没有趣味的，"雅俗共赏"的是有趣味的事实。这些事实，最初我是从各种英文的刊物里搜得的。当时一则因为文化界的帮忙的朋友很少很少，二则因为稿费几等于零，职业教育社同人也各忙于各人原有的职务，往往由我一个人唱独角戏。最可笑的是替我自己取了六七个不同的笔名，把某类的文字"派"给某个笔名去担任！例如关于传记的由甲笔名专任，关于修养的由乙笔名专任，关于健康的由丙笔名专任，关于讨论的由丁笔名专任，关于小品文的由戊笔名专任，以此类推。简单说来，每个笔名都养成一个特殊的性格。这倒不是我的万能，因为我只能努力于收集合于各个性格的材料，有许多是由各种英文刊物里搜得的。搜求的时候，却须有相当的判断力，要真能切合于读者需要的材料。把材料搜得之后，要用很畅达、简洁而隽永的文笔译述出来。所登出的材料往往不是整篇有原文可据的译文，只是把各种相关联的材料，经过一番的消化和组织而造成的。材料的内容，仅有"有趣味"的事实还不够，同时还须"有价值"。所谓"有价值"，是必须使人看了在"进德修业"上得到多少的"灵感"（inspiration）。每期的"小言论"虽仅仅数百字，却是我每周最费心血的一篇，每次必尽我心力就一般读者所认为最该说几句话的事情，发表我的意见。这一栏也最受读者的注意；后来有许多读者来信说，他们每遇着社会上发生一个轰动的事件或问题，就期待着看这一栏的文字。其次是信箱里解答的文字，也是我所聚精会神的一种工作。我不敢说我所解答的一定怎样好，但是我却尽了我的心力，有时并代为请教我认为可以请教的朋友们。

除了"唱独角戏"的材料外，职业教育社的几位先生也常常做些文章帮忙。在这个初期里，毕云程先生做的文字也不少。关于国外的通讯，日本方面有徐玉文女士，美国方面有李公朴先生，都是很努力的。以上大概是最初两三年间的情形。

我对于搜集材料，选择文稿，撰述评论，解答问题，都感到极深刻浓厚的兴趣，我的全副的精神已和我的工作融为一体了。我每搜得我自己认为有精彩的材料，或收到一篇有精彩的文字，便快乐得好像哥伦布发现了新大陆似的！我对于选择文稿，不管是老前辈来的，或是幼后辈来的，不管是名人来的，或是"无名英雄"来的，只须是好的我都要竭诚欢迎，不好的我也不顾一切地不用。在这方面，我只知道周刊的内容应该怎样有精彩，不知道什么叫作情面，不知道什么叫作恩怨，不知道其他的一切！

《生活》周刊在这阶段的内容，现在看来显然有着很多的缺点，不过我所指出的是当时的这种工作已引起了我的兴会淋漓的精神，使我自动地用着全副的精神，不知疲乏地干着。同时还有一位好友徐伯昕先生，也开始了他对于本刊事业的兴趣。我接办本刊后，徐先生就用全力帮助我主持本刊营业的事务，他和我一样地用着全副的精神努力于本刊的事业。孙梦旦先生最初用一部分的时间加入努力，后来渐渐地也用着他的全部的时间。最初经常替《生活》周刊努力的职员就只是这三个人。

二十八　一个小小的过街楼

从上次所谈的情形，已可看出《生活》周刊的创办并没有什么大宗的开办费。寥若晨星的职员三个，徐先生月薪二十几块钱，孙先生月薪几块钱，我算是主持全部的事业，月薪最多的了，每月拿六十块钱。我还记得当时在辣斐德路一个小小的过街楼，排了三张办公桌就已觉得满满的，那就是我们的编辑部，也就是我们的总务部，也就是我们的发行部，也就是我们的广告部，也就是我们的会议厅！我们没有大宗的经费，也没有什么高楼大厦。我们有的是几个"患难同事"的心血和努力的精神！我们有的是突飞猛进的多数读者的同情和赞助!《生活》周刊就在这种"心血""努力""同情"和"赞助"所造成的摇篮里长大起来的。

我永远不能忘记在那个小小的过街楼里,在几盏悬挂在办公桌上的电灯光下面,和徐、孙两先生共同工作到午夜的景象。在那样静寂的夜里,就好像全世界上只有着我们这三个人;但同时念到我们的精神是和无数万的读者联系着,又好像我们是夹在无数万的好友丛中工作着!我们在办公的时候,也往往就是会议的时候,各人有什么新的意思,立刻就提出,就讨论,就议决,就实行!孙先生是偏重于主持会计的事情,虽则他对发行方面也很努力。徐先生是偏重于营业和广告的事情,虽则他在总务方面也很重要。在编辑方面他常用"吟秋"的笔名作些漫画凑凑热闹,因为他不但在营业和广告方面富有创造的天才,而且也对于美术具有深切的兴趣。我的工作当然偏重于编辑和著述方面。我不愿有一字或一句为我所不懂的,或为我所觉得不称心的,就随便付排。校样也完全由我一人看,看校样时的聚精会神,就和在写作的时候一样,因为我的目的要使它没有一个错字;一个错字都没有,在实际上也许做不到,但是我总是要以此为鹄的,至少能使它的错字极少。每期校样要三次,有的时候,简直不仅是校,竟是重新修正了一下。讲到这里,我还要附带谢谢当时承印我们这个周刊的交通印刷所,尤其是当时在这个印刷所里服务的张铭宝先生和陈锡麟先生。他们不但不怪我的麻烦,而且都成了我的好朋友。

读者一天天多起来,国内外的来信也一天天多起来。我每天差不多要用全个半天来看信。这也是一件极有兴味的工作,因为这就好像天天和许多好友谈话,静心倾听许多读者好友的衷情。

其中有一小部分的信是可以在周刊上公开发表和解答的，有大部分的信却有直接答复的必要。有的信虽不能发表，我也用全副精神答复；直接寄去的答复，最长的也有达数千字的。这虽使我感到工作上的极愉快的兴趣，乃至无上的荣幸，但是时间却渐渐不够起来了，因此只得摆脱一切原有的兼职，日夜都做《生活》周刊的事情，做到深夜还舍不得走。我的妻有一次和我说笑话，她说："我看你恨不得要把床铺搬到办公室里面去！"其实后来纵然"把床铺搬到办公室里面去"也是来不及的。后来最盛的时候，有五六个同事全天为着信件的事帮我的忙，还有时来不及，一个人纵然不睡觉也干不了！

但是《生活》周刊的发展是随着本身经济力的发展而逐渐向前推的，所以在增加职员方面不得不慢慢儿来，因此事务的增繁和人手的增多，常常不能成正比例。《生活》周刊本身经济力的发展，来源不外两方面：一方面是发行的推广，由此增加报费的收入；一方面是广告费的收入，随着销数的增加而增加。我们既没有什么大宗的经费，事业的规模不得不看这两方面的收入做进行的根据，因为我们是要量入为出的；但是我们所欣幸的，是我们可以尽量运用我们在这两方面的收入，扩充我们的事业，没有什么"老板"在后面剥削我们。关于这一点，我们不得不感谢职业教育社。当时《生活》周刊还在职业教育社的"帡幪"之下，我和徐、孙诸先生都只是雇员，原没有支配的全权，但是职业教育社当局的诸先生全把这件事看作文化事业，一点没有从中取利的意思。

二十九　转变

　　《生活》周刊所以能发展到后来的规模，其中固然有着好多的因素，但是可以尽量运用本刊自身在经济上的收入——尽量运用这收入于自身事业的扩大与充实——这也是很重要的一点。关于这一点，我在上次已经略为谈过了。所以能办到这一点，我们不得不感谢职业教育社在经济上的不干涉，但是还有一件更重要的事情，我尤其不得不感谢职业教育社的，是《生活》周刊经我接办了以后，不但由我全权主持，而且随我个人思想的进展而进展，职业教育社一点也不加以干涉。当时的《生活》周刊还是附属于职业教育社的，职业教育社如要加以干涉，在权力上是完全可以做的，我的唯一办法只有以去就争的一途，争不过，只有滚蛋而已。但是职业教育社诸先生对我始终信任，始终宽容，始终不加以丝毫的干涉。就这一点说，《生活》周刊对于社会如果不无一些贡献的话，我不敢居功，我应该归功于职业教育社当局的诸先生。

　　《生活》周刊初期的内容偏重于个人的修养问题，这还不出于教育的范围；同时并注意于职业修养的商讨，这也还算不出于职业指导或职业教育的范围。在这个最初的倾向之下，这周刊附属于职业教育社，还算是过得去的。也许是由于我的个性的倾向和一般读者的要求，《生活》周刊渐渐转变为主持正义的舆论机关，对于黑暗势力不免要迎面痛击；虽则我们自始就不注重于个人，只重于严厉评论已公开的事实，但是事实是人做出来的，而且往往是有势力的人做出来的；因严厉评论事实而开罪和事实有关的个人，这是难于避免的。职业教育社的主要职责是在提倡职业教育，本来是无须卷入这种旋涡里面去的，虽职业教育社诸先生待我仍然很好，我自己却开始感到不安了。不但如此，《生活》周刊既一天天和社会的现实发生着密切的联系，社会的改造到了现阶段又决不能从个人主义做出发点；如和整个社会的改造脱离关系而斤斤较量个人的问题，这条路是走不通的。于是《生活》周刊应着时代的要求，渐渐注意于社会的问题和政治的问题，渐渐由个人出发点而转到集体的出发点了。我个人是在且做且学，且学且做，做到这里，学到这里，除在前进的书报上求锁钥外，无时不惶惶然请益于师友，商讨于同志，后半期的《生活》周刊的新的进展也渐渐开始了。研究社会问题和政治问题，多少是含着冲锋性的，职业教育社显然也无须卷入这种旋涡里面去，我的不安更加甚了。幸而职业教育社诸先生深知这个周刊在社会上确有它的效用，不妨让它分道扬镳向前干去，允许它独立，由《生活》周刊社的同人组成合作社，继续努力。在这种地方，我们不得不敬佩职业教育社诸先生眼光的远大，识见的超卓，态度的光明。

　　《生活》周刊社以及由它所脱胎的文化机关，都是合作社的性质。关于这一点，我在《萍踪寄语》初集里面也曾经略有说明，在这里不想重述了。回想我和几位"患难同事"开始为文化事业努力到现在，我们的确只是以有机会为社会干些有意义的事为快慰，从没有想要从这里面取得什么个人的私利。我所以要顺便提出这一点，是因为社会上有些人的观念，看到什么事业办得似乎有些像样，便想到办的人一定发了什么财！有些人甚至看得眼红，或更有其他不可告人的卑鄙心理，硬说你已成了"资本家"，或诬蔑你括了多少钱！他们不管在我们的合作社里，社员最大的股款不得过两千元，到了两千元就根本没有任何利息可拿，五百元以上的股本所得的利息（倘若有的话），比二百五十元以下的股本所得的要少一倍。这可以造成什么"资本家"或括钱的机关吗？我和一班共同努力于文化事业的朋友们，苦干了十几年，大家还是靠薪水糊口养家。我们并不觉得什么不满意，我们的兴趣都在文化事业的本身。像我这样苦干了十几年，所以能得到许多朋友们不顾艰难地共同努力，所以能够始终得到许多共同努力的朋友们的信任，最大的原因还是因为我始终未曾为着自己打算，始终未曾梦想替自己括一些什么。不但我这样，凡是和我共同努力于文化事业的朋友们都是这样的。

三十　几个原则

现在有些朋友想起办刊物，往往联想到《生活》周刊。其实《生活》周刊以及它的姊妹刊《新生》《大众生活》《永生》《生活星期刊》，都是有它们的特殊时代的需要，都各有它们的特点。历史既不是重复，供应各时代的特殊需要的精神粮食，当然也不该重复。但是抽象的原则，也许还有可以提出来谈谈的价值，也许可以供给有意办刊物的朋友们一些参考的材料。

最重要的是要有创造的精神。尾巴主义是成功的仇敌。刊物内容如果只有"人云亦云"，格式如果只是"亦步亦趋"，那是刊物的尾巴主义。这种尾巴主义的刊物便无所谓个性或特色；没有个性或特色的刊物，生存已成问题，发展更没有希望了。要造成刊物的个性或特色，非有创造的精神不可。试以《生活》周刊做个例。它的内容并非模仿任何人的，作风和编排也极力"独出心裁"，不愿模仿别人已有的成例。单张的时候有单张的特殊格式，订本的时候也有订本的特殊格式。往往因为已用的格式被人模仿得多了，更竭尽心力，想出更新颖的格式来。单张的格式被人模仿得多了，便计划改为订本的格式；订本的格式被人模仿得多了，便计划添加画报。就是画报的格式和编制，也屡有变化。我们每看到一种新刊物，只要看到它的格式样样模仿着别人的，大概就可以知道它的前途了。

其次是内容的力求精警。尤其是周刊，每星期就要见面一次，更贵精而不贵多，要使读者看一篇得一篇的益处，每篇看完了都觉得时间并不是白费的。要办到这一点，不但内容要有精彩，而且要用最生动、最经济的笔法写出来。要使两三千字短文所包含的精义，敌得过别人的两三万字的作品。写这样文章的人，必须把所要写的内容，彻底明了，彻底消化，然后用敏锐活泼的组织和生动隽永的语句，一挥而就。这样的文章给与读者的益处显然是很大的：作者替读者省下了许多探讨和研究的时间，省下了许多看长文的费脑筋的时间，而得到某问题或某部门重要知识的精髓。

再其次，要顾到一般读者的需要。我在这里所谈的，是关于推进大众文化的刊物（尤其是周刊），而不是过于专门性的刊物。过于专门性的刊物，只要顾到它那特殊部门的读者的需要就行了；关于推进大众文化的刊物，便须顾到一般大众读者的需要。一般大众读者的需要当然不是一成不变的，所以不当用机械的看法，也没有什么一定的公式可以呆板地规定出来。要用敏锐的眼光、深切的注意和诚挚的同情，研究当前一般大众读者所需要的是怎样的"精神粮食"，这是主持大众刊物的编者所必须负起的责任。

最后我觉得"独角戏"可以应付的时代过去了。现在要办刊物，即是开始的时候，也必须有若干基本的同志作经常的协助。"基本"和"经常"在这里有相当重要的意义。现在的杂志界似乎有一种对读者不很有利的现象：新的杂志尽管好像雨后春笋，而作家却仍然只有常常看得到他们大名的这几个。在东一个杂志上你遇见他，在西一个杂志上你也遇见他。甚至有些作家因为对于催稿的人无法拒绝，只有一篇的意思，竟"改头换面"做着两篇或两篇以上的文章，同时登在几个杂志上。这样勉强的办法，在作家是苦痛，在读者也是莫大的损失，是很可惋惜的。所以我认为非有若干"基本"的朋友作"经常"的协助，便不该贸贸然创办一个新的杂志。当然，倘若一个作家有着极丰富的材料，虽同时替几个杂志做文章，并没有像上面所说的那样虚耗读者的精力和时间的流弊，那么他尽管"大量生产"，我们也没有反对的理由。

还有初办刊物的人，往往着急于销路的不易推广。当然，发行的技术和计划也是刊物的一个重要部分，我们不得不承认这方面也应加以相当的注意。但是根本还是在刊物的内容。内容如果真能使读者感到满意，或至少有着相当的满意，推广的前途是不足虑的。否则推广方面愈用功夫，结果反而愈糟，因为读者感觉到宣传的名不符实，一看之后就不想再看，反而阻碍了未来的推广的效能。

三十一　社会的信用

《生活》周刊突飞猛进之后，时时立在时代的前线，获得国内外数十万读者好友的热烈的赞助和深挚的友谊，于是所受环境的逼迫也一天天加甚。我参加蔡子民、宋庆龄诸先生所领导的民权保障同盟不久以后，便不得不暂离我所爱的职务而作欧洲之游。在这时候的情形，以及后来在各国的状况，读者诸君可在《萍踪寄语》初集、二集和三集里面看到大概。我于前年九月初由美回国，刚好环游了地球一周，关于在美几个月考察所得，都记在《萍踪忆语》里面，在这里不想多说了。回国后主办《大众生活》，反映全国救亡的高潮，现在有《大众集》留下了这高潮的影象。随后在香港创办《生活日报》，这在本书《在香港的经历》一文里可见一斑。自"九一八"国难发生以来，我竭尽我的心力，随同全国同胞共赴国难；一面尽量运用我的笔杆，为国难尽一部分宣传和研讨的责任，一面也尽量运用我的微力，参加救国运动。

十几年来在舆论界困知勉行的我，时刻感念的是许多指导我的师友，许多赞助我的同人，无量数的同情我的读者好友；我常自策勉，认为报答这样的深情厚惠于万一的途径，是要把在社会上所获得的信用，完全用在为大众谋福利的方面去。我深刻地知道，社会上所给我的信用，绝对不是我个人所造成的，是我的许多师友，许多同人，以及无量数的读者好友，直接间接所共同造成的。因此也可以说，我在社会上的信用不只是我的信用，也是许多师友，许多同人，乃至无量数的读者好友所共有的。我应该尽善地运用这种信用，这不只是对我自己应负的责任，也是对许多师友，许多同人，乃至对无量数的读者好友所应负的责任。

我这信用绝对不为着我个人自己的、私的目的而用，也不被任何个人或任何党派为着私的目的所利用，我这信用只许为大众而用。在现阶段，我所常常考虑的是：怎样把我所有的能力和信用运用于抗敌救亡的工作？

我生平没有私仇，但是因为现实的社会既有光明和黑暗两方面，你要立于光明方面，黑暗方面往往要中伤你。中伤的最容易的办法，是破坏你在社会上的信用。要破坏你在社会上的信用，最常见的方法是在金钱方面造你的谣言。

我主持任何机关，经手任何公款，对于账目都特别谨慎；无论如何，必须请会计师查账，得到证书。这固然是服务于公共机关者应有的职责，是很寻常的事情，本来是不值得提起的。我在这里所以还顺便提起的，因为要谈到社会上有些中伤的造谣阴谋，也许可供处世者避免陷害的参考。

也许诸君里面有许多人还记得，在马占山将军为抗敌救国血战嫩江的时候，《生活》周刊除在言论上大声疾呼，唤起民众共同奋斗外，并承国内外读者的踊跃输将，争先恐后地把捐款交给本刊汇齐汇寄前方。其中有一位"粤东女子"特捐所得遗产两万五千元，亲交给我收转。这样爱国的热诚和信任我们的深挚，使我们得到很深的感动。当时我们的周刊社的门口很小，热心的读者除邮汇捐款络绎不绝外，每天到门口来亲交捐款的，也挤得水泄不通；其中往往有卖菜的小贩和挑担的村夫，在柜台上伸手交着几只角子或几块大洋，使人看着发生深深的感动，永不能忘的深深的感动！当时我们的同事几于全体动员，收款的收款，算账的算账，忙得不得了，为着急于算清以便从早汇交前线的战士，我们往往延长办公时间到深夜。这次捐款数量达十二万元，我们不但有细账，有收据，不但将捐款者的姓名公布（其先在本刊上公布，后来因人数太多，纸张所贴不赀，特在《征信录》上全部公布，分寄各捐户），收据也制版公布，并且由会计师（潘序伦会计师）查账，认为无误，给与证明书公布。这在经手公款的人，手续上可说是应有尽有的了。但是后来仍有人用文字散布谣言，说我出国视察的费用是从捐款里括下来的！我前年回国后，听到这个消息，特把会计师所给的证明书制版，请律师（陈霆锐律师）再为登报宣布。但是仍有人故作怀疑的口吻，抹煞这铁一般的事实！这样不顾事实的行为，显然是存心要毁坏我在社会上的信用，但是终于因为我有铁据足以证明这是毁谤诬蔑，他们徒然"心劳日拙"，并不能达到他们的目的。

我们只要自己脚跟立得稳，毁谤诬蔑，是不足畏的。

三十二　立场和主张

黑暗势力的陷害方法，除在经济方面尽其造谣的能事外，还有一个最简便的策略，那便是随便替你戴上帽子！这不是夏天的草帽，也不是冬季的呢帽，却是一顶可以陷你入罪的什么派什么党的帽子！其实戴帽子也不一定是丢脸的事情，有害尽苍生的党，有确能为大众谋幸福的党；前者的帽子是怪可耻的，后者的帽子却是很光荣的。但是这不过就一般说，讲到我个人的实际情形，一向并未曾想到这个帽子问题；再直截了当地说一句，我向来并未加入任何党派，我现在还是这样。我说这句话，并不含有褒贬任何党派的意味，只是说出一件关于我个人的事实。但是同时却不是说我没有立场，也不是说我没有主张。我服务于言论界者十几年，当然有我的立场和主张。我的立场是中国大众的立场；我的主张是自信必能有益于中国大众的主张。我心目中没有任何党派，这并不是轻视任何党派，只是何党何派不是我所注意的；只须所行的政策在事实上果能不违背中国大众的需求和公意，我都肯拥护；否则我都反对。我自己向来没有加入任何党派，因为我这样看法：我的立场既是大众的立场，不管任何党派，只要它真能站在大众的立场努力，真能实行有益大众的改革，那就无异于我已加入了这个党了。因为我在实际上所努力的也就是这个党所要努力的。

　　我虽有明确的立场和主张，但是因为有着这样的看法，所以向来未曾加入任何党派。现在呢？现在是整个民族生死存亡万分急迫的时候，除少数汉奸外，大多数的中国人都在挣扎着避免沦入亡国奴的惨劫。在这个时候，我们要积极提倡民族统一阵线来抢救我们的国家，要全国团结御侮，一致对外，我更无须加入任何党派，只须尽我的全力促进民族统一阵线的实现，因为这是抗敌救亡的唯一有效的途径。民族统一阵线或称联合阵线，或称民族阵线，名词上的差异没有什么关系，最重要的是我们要彻底了解这阵线的意义和它对于抗敌救亡的关系。所谓民族统一阵线是：全国人民，无论什么阶级，无论什么职业，无论什么党派，无论有什么信仰的人们，都须在抗敌救亡这个大目标下，团结起来，一致对付我们民族的最大敌人。在这个民族阵线之下，全国的一切人力、财力、物力，都须集中于抗敌救亡。为保障民族阵线的最后胜利，凡是可以增加全国力量的种种方面，都须千方百计地联合起来；凡是可以减少或分散全国力量的种种方面，都须千方百计地消灭或抑制下去。无论任何个体和个人，任何集体和集团，纵然在已往有过什么深仇宿怨，到了国家民族危亡之祸迫于眉睫的时候，都应该把这深仇宿怨抛弃不顾，联合彼此的力量来抢救这个垂危濒亡的国家民族。

这不是空论，这是中国在当前危迫时期内的大众在主观方面的急迫要求，也是侵略国的严重压迫和残酷进攻在客观方面所造成的需要。这是现阶段中国前途的大势所趋，我们只须本着这个认识，以国民的立场，各就各的力量，从种种方面促其实现，前途是有绝对胜利的把握的。如有逆着这个大势而自掘坟墓的，必然要自趋灭亡，绝对不能阻碍这个大势的推进。我们所要努力的是在积极方面促进这个伟大运动的实现。

再就具体一些说，民族统一阵线的第一个条件是必须停止一切内战，全国团结起来，枪口一致对外。武力虽非抗敌救亡的唯一工具，但无疑地是最重要的一种工具。外患如此急迫，中国人如以仅有的武力消耗于内战，即是减少对外的力量，即是间接增强侵略国加速沦亡中国的力量。为增强整个中国抗敌救亡的实力计，停止一切内战是有绝对的必要。第二个条件是要解放民众救国运动。军力必须和民力配合起来，才有动员全国力量一致对外的可能。所以关于民众救国的组织和救国言论的自由，必须有切实的开放和保障。

关于民族统一阵线的研究，我在所著的《坦白集》里已有较详的讨论，在这里只提出尤其重要的话来说一下。这是我就大众的立场，根据大众的利益，断然认为是当前抗敌救亡的最重要的主张。只须能尽我的微薄的力量，推进或促成这个主张的实现，任何个人的艰险，是在所不辞的。

当然，我们对于国事的主张是要根据当前的现实，我在这里所提出的，只是专就抗敌救亡的现阶段的中国说。

三十三　深夜被捕

我对于国事的立场和主张，已很扼要地谈过了。这不仅是我一个人的主张，有许多热心救国的朋友们也都有这同样的主张；这不仅是我和我的许多朋友们的主张，我深信这主张也是中国大众的公意的反映。于是我们便以国民的地位，积极推动政府和全国各方面实行这个救亡的国策。我们自问很坦白、很恳挚，除了救国的赤诚外，毫无其他作用，但是出乎意外的是我和六位朋友——沈钧儒、章乃器、李公朴、王造时、史良和沙千里诸先生——竟于二十五年十一月二十二日的深夜在上海被捕！

在被捕的前两三天，就有朋友传来消息，说将有捕我的事实发生，叫我要特别戒备。我以胸怀坦白，不以为意，照常做我的工作。我这时的全部的注意力都集中在绥远的被侵略，每日所焦思苦虑的只是这个问题。去年十一月二十二日下午六点钟我赶到功德林参加援绥的会议,到会的很多;银行界、教育界、报界、律师界等等,都有人出席。我于十一点钟才离会,到家睡觉的时候已在当夜十二点钟了,我上床后还在想着下一期《生活星期刊》的社论应该做什么题目,所以到了一点钟模样才渐渐睡去。睡得很酣,不料睡到两点半的时候,忽被后门的凶猛的打门声和我妻的惊呼声所惊醒。我在床铺上从睡梦中惊得跳起来,急问什么事。她还来不及回答,后门打得更凶猛,嘈杂的声音大叫其赶快开门。我这时记起前两三天朋友的警告,已明白了他们的来意。我的妻还不知道,因为我向来不把无稽的谣言——我事前认为无稽的谣言——告诉她,免她心里不安。她还跑到后窗口问什么人。下面不肯说,只是大打其门,狂喊开门。她怕是强盗,主张不开。我说这是巡捕房来的,只得开。我一面说,一面赶紧加上一件外衣,从楼上奔下去开门。门开后有五个人一拥而入,其中有一个法国人,手上拿好手枪,做准备开放的姿势。他一进来就向随来的翻译问我是什么人,我告以姓名后,翻译就告诉他。他表示惊异的样子,再问一句:"他是邹韬奋吗?"翻译再问我一句,我说不错,翻译再告诉他。他听后才把手枪放下,语气和态度都较前和缓得多了。我想他想象中的我也许是个穷凶极恶的强盗相,所以那样紧张,后来觉得不像,便改变了他的态度。他叫翻译对我说,要我立刻随他们到巡捕房里去。当时天气很冷,我身上只穿着一套单薄的睡衣,外面罩上一件宽大的外衣,寒气袭人,已觉微颤,这样随着他们就走,有些忍受不住;因为翻译辗转麻烦,便问那位法国人懂不懂英语,他说懂。我就用英语对他说:"我决不会逃,请你放心。我要穿好衣服才能走,请你上楼看我穿好一同去。"他答应了，几个人一同上了楼。他们里面有两个是法租界巡捕房政治部来的，就是上面所说的那位法国人和翻译；还有两个是市政府公安局的侦探。上楼后我问那个法国人有什么凭证没有，他拿出一张巡捕房的职员证给我看。我一面穿衣，一面同那法国人和翻译谈话。谈话之后，他们的态度更和善了，表示这只是照公安局的嘱咐办理，在他们却是觉得很抱歉的。那法国人再三叫我多穿上几件衣服。公安局来的那两位仁兄在我小书房里东翻西看，做他们的搜查工作。我那书房虽小，堆满了不少的书报，他们手忙脚乱地拿了一些信件、印刷品和我由美国带回的几十本小册子。这两位仁兄里面有一位面团团的大块头，样子倒很和善，对我表示歉意，说这是公事，没有办法，并笑嘻嘻地对我说："我在弄口亲眼看见你从外面回家，在弄口走下黄包车后，很快地走进来。我想你还不过睡了两小时吧！"原来那天夜里，他早就在我住宅弄口探察，看我回家之后，才通知巡捕房派人同来拘捕的。我问他是不是只拘捕我一个人，他说有好几个。我想一定有好几个参加救国运动的朋友们同时遭难了。我心里尤其悬念着沈钧儒先生，因为沈先生六十三岁了，我怕他经不住这种苦头。我除穿上平常的西装外，里面加穿了羊毛绒的里衣裤，外面罩上一件大衣，和四位不速之客走出后门。临走时我安慰了我的妻几句话，并轻声叫她于我走后赶紧用电话告知几位朋友。出了弄口之后，公安局的人另外去了，巡捕房的两个人用着备好的汽车，陪着我乘到卢家湾法巡捕房去。到时已在深夜的三点钟了。我刚下车，由他们押着走上巡捕房门口的石阶的时候，望见已有几个人押着史良女律师在前面走，离我有十几步路，我才知道史律师也被捕了。

三十四　到捕房

我于十一月二十二日的深夜被押解到卢家湾法巡捕房。在捕房门口下了汽车以后，那个法国人和翻译在我左右拥着走上石阶。这时这翻译不但在旁拥着我，而且用一只手挟着我的手臂。我向来没有做过犯人，这是破题儿第一遭，心里想这明明是怕我逃走的样子，突然发生着奇异的感觉。刚走上石阶两三层，瞥见有两三个人也挟持着史良女律师在前面走。她身上穿着西式的妇女旅行装，上身穿的好像男子西装的外衣，下面穿的是好像水手穿的广大裤脚管的裤子，外面罩一件女大衣，全身衣服都是黑色的。我看她的态度很从容，偶然回过脸来，脸上还现着微笑。我们相距有十步左右。我本想走快几步凑上去问她，沈钧儒先生是不是也已被捕，因为我心里时刻担忧着他老先生的安全。可是在我左右挟着我的人看见前面有史女士在走，反而停住我不许走。等了一下，史女士已走远了，才许我再举步继续向前走去。我心里又想，这大概是因为犯人需要彼此隔离的。

我被拥至二层楼上政治部的一间办公室里。到后即由那个法国人问话，并由那个同来的翻译在旁担任译述。他先问我的姓名、年岁和职业，加入了什么政治团体。我承认我是全国各界救国联合会的执行委员之一，但是从来没有加入任何政党。他问救国会的宗旨，我说是主张抵抗日本对中国的侵略。我并问他："假使你们法国也被别国侵略，你立于国民的地位，要不要起来主张抵抗这侵略？"他点头微笑。谈到这里，他很客气地说，捕房捕我，不过是应中国公安局的要求。我说我要知道究竟犯了什么罪？他说中国公安局告我是共产党！我说我要他们拿出证据来。他一边问，一边就笔录下来。大概问了半点钟。他坐在办公桌的后面问，翻译坐在办公桌旁边译，我就坐在办公桌的前面，刚和他相对。问后，那个法国人走了，那个翻译对我说："对不住，今天夜里要请你住住监狱，明天上午八点钟才送法院。"我默然。他接着说："不过你们是上等人，我们可以把你送到上等人的监狱里去，不致和那些龌龊的苦力混在一起。"我仍然没有什么话说，只有随他到楼下去。

他带我到楼下的另一间办公室，也许是巡长室吧，里面有个柜台，柜台里面坐着一个穿制服的法国人（也许是巡长），还有个穿便服的法国人跑出跑进。离柜台略远处有个栏杆，这栏杆里面大概是预备犯人立的地方。他们就叫我立在这栏杆里面。房门口有安南巡捕守着。我在那里大概立了一小时左右，有个穿西装的中国职员押着史律师进来。他们叫她站在柜台和栏杆之间，我们仍不许谈话，只能远远地点头微笑而已。再等一会儿，有一个安南巡捕和一个好像"茶房"模样的中国人进来。这中国人问我犯什么罪，我说犯"救国罪"，他也莫名其妙，土头土脑地走了。这个安南巡捕就开始向我身上搜查，用两只手在我衣上摸了一遍，又伸进各个衣袋里检查了一下，然后取出我的装钱的小皮夹子，取下我西装领上的扣子，取下我的领带，取去我的吊袜带，取下我的手表，取下我皮鞋上的带，取下我吊裤子用的吊带（吊西装裤子用的），取去我缚在里裤上的带，取去我不能一刻离的眼镜！他们对我说这是必须经过的手续，我当然没有话说，只得听任他大取而特取！不过最后取到我的近视眼上的眼镜，却使我感到太不方便了，我就提出抗议，要把眼镜留住，他们不肯。这时史律师远望着我那副样子，她竟临时做起我的"辩护律师"了，对监视她的那个穿西装的中国职员说，某先生（指我）是社会上有地位的人，不必这样搜查，眼镜也应该让他留用，并叫他把这个意思转达给柜台里的那个巡长听。结果没有达到目的，我的眼镜当然是照脱下来了，这时只有对着我的临时"辩护律师"苦笑。我的近视虽不算怎样厉害，但是没有了眼镜，看较远的东西便有些模糊，举起步来便有些飘飘欲仙的感觉！这又有什么办法呢？只有暂时做做"仙"罢了！其实我的这位临时"辩护律师"自己也吃了苦头，后来我们同到高三分院的待审室里，据她说，她那夜身上的裤带也被取去！她还说着笑话，说幸而她穿的是西装裤，否则不免有伤风化了！

这种手续大概是预防犯人要暗寻短见吧。但是我们都要留着这有用之身为救国努力，谁愿寻短见呢！

三十五　铁格子后面

我的眼镜脱去了之后，史律师先被带出；我再等了好些时候，大概在当夜五点钟左右，我也被带了出来，往监狱方面走去。我举起脚来走的时候，皮鞋总在脚跟升降着，好像什么升降机似的，怪累赘，才又恍然觉到皮鞋上已没有了皮鞋带。这倒也是生平第一次的经验，因为自从知道穿皮鞋以来，从来没有不用皮鞋带的。这样一来，皮鞋倒像了拖鞋，所不同的是拖鞋轻便而皮鞋式的拖鞋却怪沉重。下面拖着一双皮鞋式的拖鞋，上面的两只眼睛又缺少了一副眼镜，拖步出了房门，好像走进了"迷园"，四周都成了朦胧糊涂的世界。往监狱去是要走下楼梯的，更是在糊涂中瞎摸着。幸而挟持我手臂而行的那位中国巡捕倒还殷勤，转弯或下梯的时候，总是小心打着招呼帮我的忙。将到监狱门口的时候，不但重遇着史律师，并且看见章乃器先生也来了，看看他的身上，西装领上的扣子也没有了，皮鞋上的带子也没有了，他身上也罩着一件呢大衣，脚上也拖着一双皮鞋式的拖鞋！我们遇见时都不许谈话，只能点头微笑，打个静默的招呼而已。我们会齐了再向前走。走到监狱里的时候，押解我们的人正和守监的人接洽，我乘隙偷问章先生："沈先生怎样？"他回答说："大概也被捕了！"我听了默然微叹，那样冷的深夜，我实在替他老先生担心。我一面心里这样想着，一面囚室的门已开了，便被关了进去，铁格子门下了锁。

　　我们三个人分住在三个囚室。我进了囚室之后，虽然已觉得疲乏，却睁开我的好像半瞎了的眼睛，四面仔细瞭望一下，看见这个囚室倒不算小，约有十来尺阔，八九尺深，一大半的地位都被一个大床铺占去了。床是用木板搭成的，好像小戏台似的，显然是预备六七个人睡的，虽则这次只是我一个人在里面。囚室里有了这样大的一个床铺，余下来的只是一条狭长的走路的地位。在房的一角，地上有个圆钵头，那大概是预备小便用的。除了有一个铁格子的门，墙的高处还有一个小小的铁格窗。天花板的中央有着一盏电灯，射出黯淡的光线。床上有一条蓝布的被窝。

我就把这被窝铺在床沿，把被窝的一头卷着一部分当枕头用，便和衣躺在那被窝上面。那段床沿离铁格子门很近，躺在床上看得见门外的黯淡灯光中有安南巡捕来往梭巡着。在孤寂冷静中刚刚睡着，不一会儿有人来开铁格子门，把我叫醒；我一跳而起，莫名其妙。巡捕叫我跟着他走，我只得搓搓睡眼跟着走。走出了囚室的铁门，看见章先生和史律师也一同出去。经过了一个天井，转了两个弯，到了另一个监狱。形式和前一个差不多，不过在两排囚室中间的那个甬道里装有火炉。那个便装的法国人说着简单的英语，说这里可以比较温暖些。我猜想这也许是出于他们的好意，叫我们迁住在一个比较温暖的地方。但是我经这样一迁移，躺在床上却一夜睡不着。自问心境坦白，并没有什么忧虑，但不知道为什么就睡不着。后来直到小窗上透进鱼肚白，才朦胧地睡了几分钟，忽然又醒了，醒后虽仍躺在床上，从此就睡不着。等一会儿，有个安南巡捕送进两片面包，一个铅碗盛着的热茶。我看那铅碗的里边似乎积满了茶垢，没有喝的勇气；那两片面包倒是新鲜的，我便咬了两口，但因为并不想吃，所以就放在床边。

身上没有了表，什么时候也不知道，不过觉得天亮了好久，八点钟何以还不肯来（因为听说八点钟送法院）！后来他们又把我这个"半瞎子"送到政治部的办公室里，再经一次和前一夜大同小异的问话。等待问的时候，章先生也在那里，我们想说一两句话，立刻被翻译阻止，只得默然相对。问话的时候，各人是被隔离开的。后来我被带着转了不少上上下下的楼梯、天井和走廊，到一个地方去打手印。这是我生平第一次打手印，最初一念是不胜愤怒，但转念亡国奴的惨状更甚于现在的遭遇，为着参加救国而打手印，算什么！手印打后，又被带着转了不少上上下下的楼梯、天井和走廊，押回监狱里去。等一会儿又被带出来，又转了不少上上下下的楼梯、天井和走廊，到一个地方去拍照，正面拍了一张，侧面又拍一张。又重新转了不少上上下下的楼梯、天井和走廊，仍被押回监狱里去。等一会儿又被带出来，又转了不少上上下下的楼梯、天井和走廊，到一个地方去量身体、面部、手臂等等。又重新转了不少上上下下的楼梯、天井和走廊，再被押回监狱里去。等一会儿又被带出来，又转了不少上上下下的楼梯、天井和走廊，再干一番打手印的把戏，据说是再需打一套送到英租界去的。我们是在这一天（二十三日）的下午三点钟左右被解往法院的。在这时以前，我这个"半瞎子"就拖着没有带子的皮鞋，上上下下，左左右右，被押来押去。我觉得很有些像做猴戏，我自己被当作一只猴子玩！我继续不断地被押进押出的时候，章先生和史律师也在一起，我们的态度都很从容。

三十六　高三分院

　　二十三日那天从黎明到下午三点钟（这时间是当时向旁人探问才知道的，我身上没有表），为时不能算久，但是在我却好像过了好久的时候，因为带着一对"半瞎"的眼睛，拖着一双没有带子的皮鞋，下身穿着一条没有裤带常常下落的里裤，踯躅兜转了无数次的楼梯、天井、走廊，走廊、天井、楼梯！到了下午三点钟左右，我又由囚室里被提了出来，和章先生、史女士同被几个巡捕和法院的法警押到高三分院去。将押出门的时候，史女士先走,我和章先生随在后面,有个法国人用手铐把我的右手臂和章先生的左手臂套在一起,把锁锁上,所以我们两个人不得不并排走。套手铐也是我生平第一次的经验。我突然被套上手铐的刹那间,在脑际所闪过的奇特的感觉,和第一次打手印时一样,觉得这是使我不胜愤怒的侮辱,但想我所以受到这样的侮辱,是因为我努力参加救国运动,我应该把这愤怒转变为继续奋斗的力量。我一面这样想着,一面昂首挺起胸膛大踏步走——虽则脚上拖着没有带子的皮鞋,大踏步是格外费力的。捕房离法院很近,不过离开几家的路。我们出了捕房的大门,走过一段马路就到了法院。在马路上走的时候,前后拥着巡捕和法警,还有外国侦探,路人都停住脚,用奇异的眼光看着我们。我们到法院后,和史女士同到待审室里面去。往待审室上楼梯的时候,已有亲友数十人在旁拥聚着等候我们。我们进了待审室后,我和章先生的手铐被开了锁,脱了下来。待审室外面还有一个房间连着,那里有几个法警是被派来监视我们的;但是他们都已知道我们是为着主张团结救国而犯罪的,对于我们表示着很恳切的同情说:"你们的意思,做中国人的谁不赞成!"法警室的外面便是走进法庭的走廊,门是常常关着,偶然开一下,便有亲友们在外面伸着头遥望着,可是我们还不能见面谈话。他们送进来一包水果和饼干,我们三个人这时都觉得饿了,便吃了一些。在这待审室里,我们三个人都可以随便谈话,各人彼此告诉了前一夜被捕的经过。他们两位都是在深夜三点钟左右被捕的。我们三个人都住在法租界,所以都被捕到法捕房来。等一会儿,由外面传进的消息说,前一夜在公共租界被捕的沈、李、王、沙四先生,于当日上午十点钟经高二分院开审后，于当天十二点钟即由各人的律师保了出来。我们听了，都觉得快慰。正谈论间，法警室的门又偶然开了一下，章先生瞥见沈先生在门外笑着举手向我们招呼，章先生即对我们笑着欢呼："沈先生来了！沈先生来了！"我赶紧转眼看时，门又关了；我虽看不见沈先生，但是想到沈先生自己午后才被保出，就不顾劳瘁地跑来看我们，是很可感的。

我们三个人等到四点多钟才开庭。张志让和唐豪两律师代表章先生、史女士辩护，孙祖基律师代表我辩护。先由待审室里提史女士去问，其次提章先生，最后提到我。出席的除一个审判长、两个推事、一个检察官和一个书记官外，还有一个代表法捕房的律师（中国人）。公安局方面也有一个律师代表出席。我在庭上坦白承认我是全国各界救国联合会的执行委员之一，因为我深信参加救国运动既是光明磊落的事情，用不着隐瞒。此外审判长对于我的问话，总结起来不外两点：一是我和共产党有无关系，二是我有没有参加煽动上海日本纱厂罢工。关于第一点，他们所根据的，是我和沈钧儒、章乃器、陶行知诸先生共同公开发表的小册子，名叫《团结御侮的几个基本条件与最低要求》，以及毛泽东批评这个小册子的公开发布的印刷品。这小册子里所主张的是全国团结，一致对外，有原文可按，这里用不着多说；我们公开发表了主张，谁都可以看，谁都可以批评。检察官当庭就认为这不能作为犯罪的证据。关于第二点，我所做的只是捐了一天的薪水所得，救济在日本纱厂里过牛马生活、罢工后饥寒交迫的中国同胞！就是和我们毫无个人关系的法捕房律师，也当庭宣称，捕房政治部曾经把所搜去的印刷品研究一番，觉得只是爱国的文字，一点没有犯罪的证据，所以不允许公安局移提（即引渡）。结果我们三个人都"责付"律师保出，再交铺保；规定史女士一家铺保，我和章先生各人须有两家铺保。于是我们便于当夜八点钟左右由律师保了出来。

后来有一位青年好友在他给我的一封信里，有一段描写当时的情景：

> 自从先生的不幸案件发生后，我仅看过你一面。那就是在这事件发生后的当天晚上。当那特区法庭准予保释的消息传出时，鹄立门外静候审判消息的我们，原来每一个脸上呈现着忧虑与焦急的样子，顿时变成了欣慰的神情。你就在那数十亲友的庆幸欢笑的声中，走出法庭。我被兴奋的情绪激动着，几乎要流下热泪来。谁预料到第二天你又再度被押呢？

"再度被押"的情形，下面再谈，且说我出法庭后，就被一部分朋友拥进汽车，直驱觉林去吃晚饭。我这时还带着"半瞎"的眼睛，拖着没有带子的皮鞋，领扣和领带也没有，大家都说我的面孔瘦了好多，面色也憔悴得很，我想这时的形态也许很像上海人所谓"瘪三"了！沈钧儒先生也赶了来，跑进来一见着就两手紧握着我的两臂摇摆，几乎要把我揽抱起来，笑眯眯地好像惊呼似的叫着我的名字，并对我的面孔仔细打量着。他的那样热诚和挚爱的音容，是我永远不能忘却的。我看着他的那样满面焕发着的光彩，活泼泼的举动，自己竟不免觉得惭愧起来，因为我自已失眠了一夜，劳顿了一天，这时实在感到疲乏，虽则精神上是怪兴奋的。

这夜我回家好好地洗个澡，很舒适地睡了一夜。

三十七　再被羁押

二十三日夜里在觉林的时候，在座中的朋友已经有人听到消息，说高二分院于当天下午五六点钟又已签出拘票拘传沈先生等四人。大家觉得他们既已"责付"律师保出，尽可随传随到，何必再出拘票呢？所以还在半信半疑中。二十四日早七点钟，我起身后就先打一个电话到沈先生的家里，探问他的安全，得到的回答是沈先生昨夜刚安睡了一小时，在深夜一点钟的时候，又被捕房捕去了！随后又有朋友打电话来通知，说王、沙两先生也于同夜再被拘捕，李先生因睡在朋友家里，所以未即捕去。随后又有朋友打电话来，极力劝我避开家里。我就打电话征求我的律师的意见。我告诉他，我既由他保出，对他当然要负责，不能随便走开的，不过既由律师负责保出，尽可随传随到，现竟随意拘捕，很可诧异，我想暂行避到朋友家里去，但是地址要让他知道，以便他随时通知，我即随时可以出来。他赞成我的意思，于是我便匆匆洗脸，整衣，用早餐，叫了一辆汽车，到一个好友家里去暂避。我一到了那一个好友的家里，就接到我妻的电话，说前夜来过的那个大块头（公安局的侦探）又在我们的弄口东张西望了！午饭后我的二妹来看我，因为她听见我咳嗽，特送一小瓶药片给我。我们正在谈话的时候，我的律师有电话来通知，说法院已定下午四点钟开庭，叫我三点钟到他的事务所里一同去，我答应他照办。

我们按时到高三分院报到,但因章先生和史女士未到案,延展到当夜十二点钟才开庭。在开庭前,我被押在法院的法警室,律师和家属都不得进来谈话,我一直在那里等到当夜十二点钟。不过我在法警室里却也不算寂寞,我对几十个法警弟兄们大开其话匣,说明国难的严重和我们的全国团结御侮的主张;他们都听得津津有味,点头称是,待我格外好起来了,倒茶的倒茶,让座的让座!后来我发现其中有几位还是我的读者,我们更成了莫逆之交了。

当夜十二点钟开庭,章先生到了,史女士还是未到。问的答的还是那一套。律师再请求交保,不许。于是我和章先生被几个法警押送到特区第二监狱里去羁押。审判长在押单上批明"予以优待"。

这监狱离法院也很近,所以我们也是步行。走进了一个大铁门,便是监狱所在地了。被带进了一个办公室,向例要由职员问几句话,由他填写在簿子上。他问了姓名、年岁、籍贯后,就问犯的什么罪,我脱口而出地答道:"救国。"他听了这两个字,一点不迟疑地立刻在簿子上写下了这四个字:"危害民国!"使我于哭笑不得中感到幽默的是他那样熟练的神情。

这个手续完备之后,经过搜查,再向里走,经过第二道门的时候,又经过一次问话。那里有个职员好像对我们演说似的"训"了一大套话,大意说在里面不可以吸香烟,不可以有聚会式的谈话,违犯了是要上镣铐的。他立在一个高高的柜台里说。我和章先生立在柜台外呆呆地听着。随后章先生的香烟盒和钱袋等零物交出代存,我没有什么东西要交出,我戴着的那副眼镜也还得架在原处(这是回家时另换一副的)。我们还在那里再打一番手印。我们到了这个时候，手印也打得很熟练了，好像在银行支票上盖个图章一样！伸出手来就是！

这大概就是"予以优待"吧。他们没有把我们放进盗犯们的监狱，却关到幼年监狱里面去。这幼年监狱一进门便是一个小教室，教室的旁边有四个铁格子门关住的小囚室。我们两个人被带到第一个囚室的外面，望望里面约有六七尺宽，十几尺深。排着一个两层的小铁床，一张小木椅（骨牌凳）。近小铁床一头的角落里放着一个马桶。下层的铁床已有一个青年睡着。看守把他叫醒，请他搬到上层。我和章先生进去后，家里的被窝已交来，打算睡觉。余下的铁床只有一层，我们两人之间必须有一人要睡地板，彼此互让不能决，我从衣袋里挖出一个小银角掷在掌上，用另一掌掩着，说明角子的阳面朝上我睡床，阴面朝上他睡床，结果轮着我睡床，他睡地板。我们睡的问题解决了。随进来的几个看守瞥见我的那个银角子，认为也要交出代存的，我只得随手把这个硕果仅存的银角子交给他们。

那一夜，我们两个人很安静地睡在那个小囚室里面。

三十八　同情和厚意

我不是说过吗？我和章先生在那个深夜里被带到一个小囚室的前面，从铁格子门望进去，就看见里面的小铁床的下层已睡着一个囚犯。他姓周，是一个政治犯，是一个很可敬爱的青年！他当夜听见章先生无意中在谈话里叫了我的名字，引起他的注意，知道是我，表示十分的愉快；他原来也是我的一个读者，我们在精神上已是好友，所以一说穿了，便感到很深的友谊。当我铺床预备睡的时候，他看我们两人里面有一个要睡地板，再三要把他的那一层床让给我们，他自己情愿睡地板，经我们再三婉谢，他才勉强照旧睡下去。第二天清早，隔壁的囚室里就递过来一封长信，是一个二十岁左右的青年写给章先生的。他只听说章先生来了，不知道我也来了，所以信里只急急问起我被捕的情形。他当夜为着这件事，一夜没有睡着，局促着写了这封长信，充满着热烈和挚爱的情绪。他的纯洁、诚恳、坦白、激昂，深深地震动了我们的心弦。后来我们见面了，都感到非常的快慰。他当面谈了还觉不够，也许因为话语还未能尽量倾诉他的衷情吧，又局促地倚在床旁写了一封长信交给我，在信里很诚恳地安慰我，乃至听见我还有咳嗽的声音（这是那几天偶然有的），都使他感到不安，再三叮咛，叫我要为国珍重身体。我很惭愧，觉得实在够不上他的那样厚望。还有一位同监的十九岁青年，大家都叫他作"八十四号"，因为他的囚衣的前后写着"八四"两个大字。他是由乡村里来的一个穷孩子，到上海一个烟纸店里做过打杂；因为这家店关闭了，他便失业，为着饥饿所迫，做了一次小偷，被捕进来。他的写的能力很差，但是也自动地在一张小纸片上写了几十个字交给我，虽然像通不通似的，但是对于抗日救国的热烈和对于我们被捕的义愤，也已跃然纸上。

后来听到这几位青年好友的报告，才知道监狱里许多囚犯都知道有我们这样两个人来了，都一致表示愤慨。尤其令人感动的，是一个被判了无期徒刑的盗犯，也在一封信里表示对于国难的关心和对于我们的深切的同情。他虽然用着很粗率的语句叙述他的意见，但是他那一颗火热般的心是谁看了都要感动的！听说全监九百余人为着援助绥远前线抗敌战士，决定全体绝食一天。

就在这监狱里的职员方面，也有许多表同情于救国运动，对于我们两人的被捕，表示深厚的同情。因为他们有职务上的关系，我在这里不能详述了，我只有在这里附笔表示对于他们厚意的深深的感谢。

同监的青年朋友们待我们两人的殷勤是很可感的。我们的琐屑的事情，他们都争着代做。例如早晨倒洗脸水，扫地拖地板，饭后洗碗碟等等。监里犯人是各有一个号码的，铁格子门的外面便插有各人号码的硬纸片，职员招呼各犯时，只叫各人的号码，不叫各人的名字。我的号码似乎是三百多号，章先生的号码二百多号，现在已记不清了；但是我们的号码虽记在铁门上的硬纸片上，都没有多大用处，因为同监的几位青年朋友不但自己一定要叫我们作先生，同时也一定要看守们叫我们作先生，不许叫号码。他们的那种天真的热诚，看着十分可感而又十分有趣！

我们的小小囚室，每日上午七点钟，由看守把铁格子门开锁，让我们到接连着的小教室里去坐坐走走。那小教室里排有学校里用的木椅桌七八排，我们白天就在那里谈话看书。午饭后，别的囚室的铁门还要关上一小时，各囚犯都要"归号"，我们两人因受优待，可以例外。不过到下午四点半，各囚室的铁门一律都要关上锁好，一律都要"归号"，我们也不能例外，因为白天有个看守监视着；下午四点半后锁上了铁门，一夜到天亮，只每隔几小时有个职员来巡视一次，并没有看守监视着。因此我们到了下午四点半，也只得同样地被关在那个小小的囚室里，局促在那个铁格子门的后面。那个小小的囚室，除放着一架两层的小铁床外，余下来的区域也只有比放一个小铁床的地位差不多，所以我们两人要在这里散散步，便要碰来碰去。碰了几碰，我只得采用折中的办法，章先生跑来跑去的时候，我就坐在那张骨牌凳上；他停走的时候，我就跑来跑去。晚上只在外面那个小教室里有电灯，小囚室里是没有灯的。我们跑得厌了，就拿些书挨在铁格子旁边去看看。

我们到的第二天，原在我们的囚室里的周君自动地搬到隔壁一间里去，所以原来的这一间囚室便只有我和章先生两个人同住了。在这个监狱里（指幼年犯监狱，非全部），除了几个幼年犯外，还有两个原来是监里的"主任"，犯了罪一同关在这里面。到了晚上倒也不寂寞。附近的两个囚室里的几个青年朋友睡在床上大开其"辩论会"，你一句，我一句，对于抗日救国问题也讨论得很激烈。在这些讨论里，你可以听到青年们的坦白的天真的意见。同时你可以听到住在稍远的那个囚室里的两个犯了罪的"主任"大念其佛经，发出喃喃不绝的"南无阿弥陀佛"的声浪来。

两层的小铁床上面铺的是木板。床架不是铁杆做的，只是较厚的铁片做的，在上层睡的人转个身的时候，全部的床架都有摇摆的姿态。章先生的身体比我高大，我怕他梦中转身，"牵动全局"，也许要把铁床翻倒，所以让他睡在下层，我睡在上层。我夜里在床上转身的时候，仍要很谨慎地慢慢地转，免得床身震得过响，以致惊动他的好梦。

我和章先生从来没有同住过，想不到一同住就住到这样一个小小的囚室里；但是我们想到全狱的朋友们对于我们的同情和厚意，却给与我们一种说不出的愉快和安慰的情绪。

三十九　地方法院

我们在上海特区第二监狱里关了两天。到二十六日那一天下午，我们在四点半后照例"归号"，铁格子门锁上了，我们两人照常在那小囚室拥挤着。七点钟左右，忽有一个看守进来说"接见"。所谓"接见"，是监狱里允许囚犯接见家属亲友。我们两人虽觉得那样晚的时候，怎样还有"接见"，但是既经说有，我们便匆匆随他出去。到了外面，才知道是要到法院去开庭的。离开监狱的时候，还照例在簿子上打个大拇指的手印。

到了高三分院的法庭以后，才知道是上海地方法院（在租界以外的法院）来"移提"。我在前面曾经说过，二十三日和二十四日两次在高三分院开庭时，公安局都是要把我们"移提"的，捕房律师因为没有犯罪的证据，两次拒绝"移提"。据说根据上海法租界和中国政府的协定，除中国的司法机关可以无须证据即可向捕房或特区法院"移提"犯人外，像公安局一类的机关要做这件事，必须拿得出证据才行。因为这个缘故，他们便设法转个弯儿，由上海地方法院出面来"移提"。结果当然是达到了他们的目的。其实我们所要求的是无罪当庭开释，至于"移提"不"移提"，并不在意；现在一定要"移提"，"移提"就是了。"移提"的理由据说是"妨碍秩序嫌疑"！

我们在高三分院法庭的时候，地方法院已派了好几个法警等着；一出法庭，便被他们拥上汽车，往城里驶去。我和章先生各乘一辆汽车，左右各有两个法警押着。我们这几天好像被猫衔着的老鼠东奔西窜似的，原已不足为奇，我们所觉得不无抱憾的，是没有机会和同狱的那几个青年好友握别罢了。

到了地方法院之后，我和章先生被几个法警押进待审室。待审室有三四个大房间，用木板隔开的。我和章先生隔离着，各人关在一个大房间里面。房里四周用木板搭成长凳，门上有个四方形的洞穴，外面的人可从这个方洞向内望。里面很陈旧龌龊，我一踏进门口，就觉得尿气熏鼻，臭不可当。我于诧异间仔细向四周望望，原来房里摆着一个大马桶，其大无比，好像寻常人家用的大米桶。等一会儿，有个青年法警跑到方洞口张张望望。我看他很和善的样子，便和他谈了几句话，知道他们弟兄们都是很窘苦的，每月九块钱，一切在内，个人还不够用，养家更不得了。又等一会儿，又有一个人在方洞口张望，轻声问我是不是某先生，我说是，略谈之下，才知道他也是我的读者，在法院里任职员，正在吃晚饭，听说我来了，连饭都不吃，特跑来安慰我。他的办公时间原已完了，因为我来，一定要等我审完，好好招呼我进了看守所才肯回去。我说他一天辛苦，要回家休息，不必等我。他不肯，直等到一切布置妥当后才肯离开。

约等了半小时模样，传审了。审得很简单，照例由检察官问姓名、籍贯、年龄、住址等等之后，问起参加救国会的事，问起救国会的宗旨，问起有没有参加煽动日本纱厂工潮。审后再押回待审室坐了一些时候，便押往看守所羁押。

总算优待，原来八个人住的一间囚室，经他们撤清打扫之后，由我和章先生两人同住。房里有一张大木桌可以放些零物。

电灯一盏高高地装在两个房间的隔墙上面的方洞里，夜里在房里是看不出什么的。我们到九点钟就安排睡觉，怕有臭虫来光顾，特把木榻搬得离墙远远的。最使我注意的是在那样一个小房间里，也排有待审室里同样大的一个大马桶！第二早起身后，照例打手印，我们这时已打得更熟练了，打出的印子似乎已有了相当的进步！打完了手印，还要一同到天井里去照一张相片。这张相片照得怪有趣！我和章先生各人坐在一只骨牌凳上，列在一排照的；每人坐着，腹前还放着一块石板（好像小学生做算学用的，黑色，上面可用粉笔写字），我的那块石板上面写着雪白的几个大字是"第三千几十号某某（区区的名字）妨碍秩序嫌疑"，章先生的那块石板上面写的相同，不过号码和姓名改一改就是了。我们昂然同坐着照了一张这样的相片。事后我对章先生说，最好能讨得一张取来放大，将来可以高高地悬在客厅里面，让许多朋友"瞻仰瞻仰"，倒是一种很好的纪念。

四十　押在公安局

在上海地方法院的看守所里只关了一天一夜，二十七日下午六点钟左右，又像老鼠被猫衔在嘴里奔窜着，由地方法院转解到公安局里去。我们先由看守所里被提出来，重新光顾待审室一次，不过这时我和章先生两个人同被押进一间待审室里去等候着。这时的法警对我们比初来的那天客气得多，大概他们都知道了我们是为着参加救国运动才到这里来的。等一会儿，我们先后被传审，检察官虽换了一个，但是问答内容还是上次那同样的一套。不过这次那位审问我们的检察官却充满着同情和歉意，拿出公安局的公文给我们看，里面说要移提我们去和沈先生等四位"对质"。检察官宣布之后，我们也没有什么话说。走出法庭后，就有公安局派来的人员迎上来押着出去。法院里有几个职员赶出来和我们握手送别，我们又觉到爱国的同胞们随处给与我们的同情和厚意的可感。我无意中和章先生说出了这一句话，在旁边同走的那位公安局的科员插着说："这是各位先生人格的感动。"我说："这倒不是我们几个个人的人格问题，却是有许多同胞不愿做亡国奴的心理的流露！"

我们随着一群公安局的侦探、警察和科员，拥出了法院的门口，分乘汽车直向公安局驶去。

这时沈先生等四位已押在公安局三四天了，我们一进公安局，就被引到他们的房间里去。我们在患难中相见畅谈，当然是格外快慰的，彼此诉说了一番经过的情形，又说了不少互相安慰的话语。我看看他们所住的房间还算清洁，是在二层楼上，前面有个露台，露台的前面是大天井，立在露台上可以看着公安局的大门；房的后面靠壁处并列排着四个小铁床，便是他们四位的床铺；这一列铁床的前面有个屏风遮着，屏风的外面放着一张圆桌，几张椅子，便是我们吃饭和相聚谈话的地方。我踏进房里一会儿之后，觉得奇特的是总有一个不相识的人立着或坐在一个角落里，我已直觉地知道这一定是用来监视我们的，后来知道他确是侦察队的侦探，奉命来监视的。房前的露台上还有四五个"武装同志"（警察）在那里监视着。房的右边有个客厅，来访问的人可以在那里坐坐，由客厅通到外面的那个门是常常锁好的。我们要大小便的时候，便有一个"武装同志"跟着我们经过这个门，在厕所门前守着，直等到陪着我们回到原处。

我和章先生两人的卧室是在这个大房间的左边一个小房间里。他们已在几天前就替我们备好了两架小铁床。自从我们两人来了之后，又加派了一个侦探来监视。纵然是做侦探，也还是中国人。我们所干的是救国运动，我们所谈的也只是关于抗日救国的事情；我们不但用不着避他们，而且当着他们大谈我们对于救国的主张，大讨论我们对于救国的意见；侦探们听了不但不觉得我们是什么大逆不道，而且深切地表示同情！他们和我们相聚了几天，竟变成我们的同情者，甚至觉得每日来监视我们是一种不得已的痛苦的职务。不但侦探们如此，就是那些"武装同志"也成了我们的朋友！

但是他们对于职务还是不得不奉行故事的。他们不但整日里要陪着我们，而且整夜都要陪着我们，虽然他们是三四小时轮班一次的。在白天，只有侦探在我们的房里，到了夜里，大概因为露台上寒冷，所以连"武装同志"都跑到屋里来坐到天亮。这倒也是我生平第一次的经验：躺在床上睡的时候，也有一个"文装同志"（侦探）和几个"武装同志"整夜睁着眼睛，一直"侍卫"到天亮！

我们到了三四天之后，有一个夜里，局里的第三科科长请我们在客厅里个别谈了一次话，留下了笔录。他很客气地问了我们一番话。问和答的内容都和在法院里那一套差不多。不过特别问起我们和"火花读书会"有没有关系。这个名称我事前根本就没有听见过，关系更说不上了。公安局局长几于每天都来很客气地招呼一下。头几天准许接见，访问者非常地多，那个客厅常告客满，天天好像举行什么盛会似的。后来当局有些怕了，除家属外，禁止接见其他的亲友。看报也不自由，每天由他们送来一种他们认为无关重要的报，有的时候一种也没有。我们每天的时间却过得很快。上午七点半起身后，同在客厅里早操。有的打太极拳，有的柔软体操，各干各的。早餐后最重要的事是催报看，有时看得到，有时看不到。可以接见的时候，差不多一天到晚忙着见客。后来只许接见家属，除开六人"讨论会"或"谈话会"外，有的下围棋，有的下象棋，有的看书，便很快地过了一天。我们每天所最关心的消息是绥远抗战的情形怎么样了，其次便是关于我们自己何时释放出来的消息；有时听说他们要把我们送往莫干山去，有时听说他们要把我们送往杭州去，最后几天听到的消息是要把我们送往苏州高等法院去。

四十一　高等法院

十二月四日的下午一点半的时候，我们刚才吃完午饭，公安局第三科科长跑进来，说立刻要送我们到苏州高等法院去。我们突然得到这个"立刻"动身的消息，想打个电话给家属通知一下，免得家人挂念，而且我们里面还有人要叫家属送铺盖来，但是这位科长说不可以，"立刻"就要动身，不能等候了。我们对于这种迅雷不及掩耳的手段都有些气愤，虽则我们都很镇定。沈先生说："好！走就走！"先去动手整理零物，包卷他的铺盖。这样匆促的把戏，我从来也没有过经验，不免又引起我的奇特感触；但看见年高德劭的沈先生已在着手卷铺盖，我也就抑制着我的愤懑的情绪，动手归拢零用的东西，包卷我自己的铺盖。在匆匆几分钟的时间里，大家都把行李包卷好了，便打算滚我们的蛋。临行时公安局局长自己也跑到房里来打招呼，说他也是临时才奉到命令，对不起得很，并说他心里也觉得不好过。我们没有什么话说，只谢谢他对于我们的优待。

我们从上海被押到苏州，不是由火车，用一辆大汽车（好像公共汽车），有十几个"武装同志"和几个侦探一同坐在里面，所以把全车坐得满满的。公安局第三科科长和其他两个职员另坐一辆寻常的汽车在后面跟着。我们的"专车"沿着从上海往苏州的公路走。上车的时候，公安局局长亲自送上车，叫"武装同志"坐到后面去，留出前面的位置让给我们坐。最后他又向我们一一握手，连说"对不起得很"。

我们和上海暂时告别了！车子向前疾驶着，由玻璃窗向四野张望，感到如此大好河山，竟一天天受着侵略国的积极掠夺，而受着惨酷压迫的国家还未能一致对外，这是多么可以痛心的事情！车子行到半路，李公朴先生立起来对同车的"武装同志"演讲国难的严重和我们的全国团结御侮的主张。他讲到激昂时，声泪俱下，"武装同志"们听了都很感动，有些眼眶里还涌上了热泪。随后他们还跟着我们唱《义勇军进行曲》。

下午四点钟到苏州了。汽车不能进城，我们各乘着黄包车，两旁由那些"武装同志"随伴着走。街上和店铺的人们望着莫名其妙，都现着诧异的神情；大概他们看到形势的严重，车子上坐的又不像强盗，所以使他们摸不着头脑。有几个"武装同志"

在车旁对我们说："先生！我不是来押你的，是来保护你的。"走到半路，因为时间不早了，"武装同志"也纷纷乘黄包车成了一条很长的蛇阵，蜿蜒着向前进。到高等法院的时候，已上了灯火。由上海伴送我们来苏的一群人都纷纷来和我们握手告别，尤其是那些"武装同志"们，对于我们表示着非常恳挚的同情。

我们六个人同坐在待审室里面等开审。在这里所见的法警的装束，和在上海的有些不同。上海法院的法警装束，和我们寻常所见的警察装束差不多；苏州法警穿的是宽袍大袖的黑外套，头上戴的是一顶黑漆的高顶帽子。沈先生是一位老资格的大律师，法警都认识他，很客气地和他打招呼，泡了茶送进来喝。

一会儿开审了，我们各人先后分别地被审问。所问的内容和在上海所问的大同小异，不过增加了一些。简单说起来，不过包括下面的这几点：（一）停止一切内战；（二）释放一切政治犯；（三）联俄；（四）曾否主张人民阵线？（五）曾否煽动上海日本纱厂罢工风潮？我们的答辩：对于第一点，我们的目的是要全国一致抗日，而且承认中央的领导权，没有推翻政府的意思。关于第二点，也是要集中人才来抗日救国。关于第三点，也是以有利于中国抗日救国为目的，而且同时主张联英、美、法。关于第四点，我们所主张的是民族阵线，未曾主张人民阵线；前者是以拯救民族危亡为要旨，是要一致来对外的，后者是以阶级为中心的，是含有对内意味。关于第五点，我们因为日本纱厂里面的中国同胞在罢工后饥寒交迫，捐了一些钱救济救济，并未煽动工潮。

审问之后，由几名法警押着我们乘黄包车到吴县横街高等法院的看守分所。那时已在夜里九点后，街道上的人已很少了，但是有些人看见一群法警在几辆黄包车的左右随着走，仍对我们发怔。

四十二　看守所

苏州高等法院是在道前街，我们所被羁押的看守分所却在吴县横街，如乘黄包车约需二十分钟可达。凑巧得很，在我们未到的三个月前，这分所刚落成一座新造的病室。这个病室虽在分所的大门内，但是和其余的囚室却是隔离的，有一道墙隔开。这病室有一排病房，共六间。这排病房的门前有个水门汀的走廊，再出去便是一个颇大的泥地的天井；后面靠窗处有个狭长的天井，在这里有一道高墙和隔壁的一个女学校隔开。各病房是个长方形的格式，沿天井的一边有一门一窗，近高墙的一边也有一个窗。看守所的病室当然也免不了监狱式的设备，所以前后的窗上都装有铁格子，房门是厚厚的板门，门的上部有一个五寸直径的小圆洞，门的外面有很粗的铁闩，铁闩上有个大锁。夜里在我们睡觉以后，有看守把我们的房门锁起来；早晨七点钟左右，他再把这个锁开起来。此外附在这座病室旁边的，右边有一个浴池式的浴室（即浴室里面是用水门汀造成的一个小浴池），左边有两个房间是看守主任住的。天井和外面相通的地方有两道门：靠在里面的一个是木栅门；出了这木栅门，经过一个很小的天井，还有一个门，那门的格式和我们的房门差不多，上面也有个小圆洞。在这两道门的中间，白天有一个穿制服的看守监视着。夜里我们睡了以后，一排房门的前面也有一个看守梭巡着，一直巡到天亮。

他们当然要轮班的，大概每四小时一班。另外有一个工役，穿着灰布的丘八的服装，替我们做零碎的事务，如扫地、洗碗、开饭和预备热水、开水等等。他姓王，我们就叫他作"王同志"。这位"王同志"是当兵出身，据说之前在北伐军里面曾经上战场血战过十几次，不过他说："打来的成绩归长官，小兵是没有分的。"他知道了我们被捕的原因之后，也很表示同情。

我们所住的病房是一排六间，上面已经说过。各房的门楣上有珐琅牌子记着号数。第一号和第六号的房间是看守和工役住的；第二号用为我们的餐室和看书写字的地方；第三号是沈、王两先生的卧室；第四号是李、沙两先生的卧室；第五号是章先生和我的卧室。餐室里有两张方桌，我们买了两块白台布把两个桌面罩起来，此外有几张有靠背的中国式的红漆椅子，几张骨牌凳。天气渐渐地寒冷起来，经检察官的准许后，我们自己出费装了一个火炉。我们几个人每日的时间多半都消磨在这个餐室里面。每个病房本来预备八个人住的，原有八个小木榻，现在为着我们，改用了两个小铁床，上面铺着木板，把原来的八个小木榻堆叠在一角。这样的小铁床，我们几个人睡在上面都还没有什么问题，不过不免苦了大块头的王造时先生！王先生的高度并不比我们其他的几个人高，但是他却是从横的方面发展，睡在这样的小铁床上面，转身是一件很费考虑的工作，一不留神，恐怕就要向地上滚！沈先生用的本来也是小铁床，后来他的学生来探望他，看见他们所敬爱的这位高年老师睡的是木板，很觉不安，买了一架有棕垫的木床来送给他。沈先生最初不肯用，说我们六人既共患难，应有难同当，他个人不愿单独舒适一些；后来经过我们几个人再三劝说，他才勉强收下来用。沈先生的学生满天下，对于他总是非常敬爱，情意殷勤，看了很令人感动。我一方面钦佩这些青年朋友的多情，一方面也钦佩沈先生的品德感动他的学生的那样深刻。

我们虽有一个浴池式的浴室，但是不知道什么地方出了毛病，屡次修不好，所以一次都未曾用过。我们大家每逢星期日的夜里，便在餐室里洗澡。用的是一个长圆式的红漆木盆。因为天气冷，夜里大家仍须聚在餐室里面，所以一个人在火炉旁大洗其澡的时候，其余几个人仍照常在桌旁坐着，看书的看书，写信的写信，写文的写文，有的时候下棋的下棋，说笑话的说笑话。先后次序用拈阄的办法。第一次这样"公开"洗澡的时候，王造时先生轮着第一，水很热，他又看到自己那个一丝不挂的胖胖的身体，大叫其"杀猪"！以他的那样肥胖的体格，自己喊出这样的"口号"，不禁引起了大家的狂笑！以后我们每逢星期日的夜里洗澡，便大呼其"杀猪"，虽则这个"口号"并不适用于每一个人。

四十三　临时的组织

我们所住的高等法院看守分所里的这个病室，因为是新造的，所以比较地清洁。墙上的白粉和墙上下半截的黑漆，都是簇簇新的；尤其侥幸的是，没有向来和监狱结着不解缘的臭虫。房前有个较大的天井，可以让我们在这里走动走动，也是件幸事。我们早晨七八点钟起身以后，洗完了脸，就都到这个天井里去运动。我们沿着天井的四周跑步。跑得最多的是公朴，可跑五十圈；其次是乃器，可跑二十五圈；其次是造时和我，可跑二十圈，虽然他后来减到十五圈，大概是因为他的肥胖的缘故；其次是千里，可跑十七圈，他很有进步，最初跑九圈就觉得过于疲乏，后来渐渐进步到十七圈。就是六十三岁的沈先生，也有勇气来参加；他最初可跑五圈，后来也进步到七八圈了。跑步以后，大家分道扬镳，再去实行自己所欢喜的运动。沈先生打他的太极拳，乃器打他的形意拳，千里也从乃器学到了形意拳，其余的都做柔软体操。早餐后，大家开始各人的工作。有的译书（造时），有的写文（乃器和我），有的写字（沈先生和公朴），有的温习日文（千里）。午饭后略为休息，再继续工作。晚饭后有的看书，有的写信，有的下棋。有的时候因为有问题要讨论，大家便谈做一团，把经常的工作暂搁起来；有的时候偶然有人讲着什么笑话，引得大家集中注意到那方面去，工作也有暂搁的可能。在准许接见的时期内，几于每天有许多朋友来慰问我们。本来只认识我们里面任何一个人的，进来之后也要见见其余的五个人；这样一来，经常的工作也要暂时变动一下。虽我们都很希望常有朋友来谈谈，换换我们的单调的生活，但是自从西安事变发生以后，竟因时局的紧张，自十二月十四日以后，完全禁止接见，连家属都不准接见，于是我们几个人竟好像与世隔绝了！直至我拿着笔写这篇文字的时候（二十六年的一月十三日），还是处在这样与世隔绝的境域中，我们的苦闷是不消说的。

不幸中的幸事是我们共患难的有六个朋友，否则我们恐怕要孤寂得更难受。我们虽然是在羁押的时候，却也有我们的临时的组织。我们"万众一心"地公推沈先生做"家长"。我们都完全是纯洁爱国，偏有人要误会我们为"反动"，所以不用"领袖"

或其他含有政治意味的什么"长"来称我们所共同爱戴的沈先生，却用"家长"这个名称来推崇他；我们想无论如何，总没有人再能不许我们有我们的"家长"吧！此外也许还有两个理由：一个理由是我们这几个"难兄难弟"在患难中的确亲爱得像兄弟一般；还有一个理由便是沈先生对于我们这班"难兄难弟"的爱护备至，仁慈亲切，比之慈父有过之无不及，虽则以他那样的年龄，而天真，活泼，勇敢，前进，却和青年们没有两样。除了"家长"之外，大家还互推其他几种职务如下：乃器做会计部主任，他原是一位银行家，而且还著过一本很精彩的《中国金融问题》，叫他来管会计，显然是可以胜任的。关于伙食、茶叶、草纸等等开支的财政大权，都握在他的掌中。造时做文书部主任，这个职务虽用不着他著《荒谬集》的那种"荒谬"大才，但别的不说，好几次写给检察官请求接见家属的几封有声有色的信，便是出于他的大手笔；至于要托所官代为添买几张草纸、几两茶叶，更要靠他开几张条子。公朴做事务部主任，稍为知道李先生的想都要佩服他的干事的干才。他所管的是好好贮藏亲友们送来的"慰劳品"，有的是水果，有的是菜肴，有的是罐头食物，有的是糖饼。他尤其要注意的是今天吃午饭以前有没有什么红烧肉要热一下，明天吃晚饭以前有什么狮子头要热一下（虽则不是天天有肉吃）。大家看见草纸用完了，也要大声狂呼"事务部主任！"，所以他是够忙的。千里是卫生部主任，他的职务是比较的清闲，谁敢偶然把香蕉皮或橘子皮随意抛弃在桌上的时候，他便要低声细语道："卫生部主任要提出抗议了！"我被推为监察，这个名称怪大模大样的！我记得监察院院长似乎曾经说过，打不倒老虎，打死几只苍蝇也好；在我们这里既没有"老虎"可打，也没有"苍蝇"可欺，所以简直有"尸位素餐"之嫌，心里很觉得不安，便自告奋勇，兼任文书部和事务部的助理，打打杂。会计部主任和事务部主任常常彼此"捣乱"，他们每天要彼此大叫"弹劾"好几次！

四十四　我们的"家长"

我现在要谈谈我们的"家长"。

稍稍留心中国救国运动的人，没有不知道有沈钧儒先生其人。我认识沈先生还在前年（一九三五）十二月底组织上海文化界救国会的时候。我记得那时是文化界救国会开着成立大会，沈先生做主席。我那时还不知道他的年龄，也不详细知道他的平常，只看见他虽有着长须，但是健康的体格，洪亮的声音，热烈的情绪，前进的意识，都和青年没有两样。后来我因为参加救国会，和沈先生来往比较多一些，我更深深地敬爱沈先生的为人。最近因共患难，更有机会和他接近，更加深了我对于他的敬爱。他不但是我所信任的好友，我简直爱他如慈父，敬他如严师。我生平的贤师良友不少，但是能这样感动我的却不多见。我现在要很简要地介绍这位赤诚爱国的"老将"的历史。

沈先生号衡山，浙江嘉兴人，生长在苏州。七八岁时入家塾，十六岁进秀才，三十岁中举人，三十一岁中进士。但是沈先生却忽然脱离了科举的束缚，就在这一年到日本去进法政大学求学。他三十四岁时回国，在北京办过短时期的日报，几个月后回到浙江。当时立宪运动正在发展，他便在浙江筹备地方自治；筹备咨议局,当选为副议长;同时兼任浙江的两级师范监督(即校长),鲁迅先生就在这个时候在该校教授理科。后来他加入孙中山先生所领导的同盟会;辛亥革命成功后,他担任浙江教育司司长,后来辞职应选国会议员(因官吏不得应选)。袁世凯称帝,沈先生奋起反对洪宪,几为所害,回到南方。广州的护法政府成立的时候,他到广州,任参议院议员,兼总检察厅检察长。后来护法政府取消,北京政府改组,他北上重任参议院议员,兼该院秘书厅的秘书长(时在民国十一年)。后来曹锟贿选,沈先生也是激烈反对的一人。十五年回到南方,参加国民革命,组织苏、浙、皖三省联合会,反对孙传芳。同时冬季受蒋介石氏(这时做总司令)委任组织浙江临时省政府,中经反动的军队反攻,处境非常危险。民国十六年浙江全在国民政府统辖之下,分政务和财务委员会,分科无厅,除主席一人和秘书长一人外,其余四科的科长也由省府委员分任。沈先生当时任政务委员兼秘书长。"清党"后因误会被拘七天,到南京后因谅解恢复自由。回到上海以后,法学院因副校长潘大道被刺,聘沈先生担任该校教务长,直到现在。民国十七年起并执行律师职务,被选任上海律师公会常务委员,已有五年多了。

　　我们看了这样的经过事实,虽尽管说得简单,但已可看出沈先生二三十年来总是立于国家和民众的立场,作继续不断的奋斗,一直到现在还是丝毫不懈地向前迈进。他参加过辛亥革命,参加过护法之役,又参加过国民革命。他曾有过"三反":反对袁世凯称帝,反对曹锟贿选,反对孙传芳阻碍国民革命。他在行动上实行这"三反"的过程中,冒着出生入死的危险,都在所不顾。我们一方面感到沈先生政治经验——革命经验——的丰富，一方面感到沈先生百折不回的毅力。现在这位赤诚爱国的"老将"，又用着同样的精神，参加当前的最艰危阶段的救国运动了！我们为着民族解放的前途，要竭诚爱护我们的这位"老将"！

我觉得陶行知先生的《留别沈钧儒先生》一首诗，很能说出这个意思，我现在就把它写在这里：

（一）

老头，老头！

他是中国的大老；

他是同胞的领头。

他忘记了自己的头，

要爱护别人的头。

唯一念头，

大家出头。

（二）

老头，老头！

他是中国的大老；

他是战士的领头。

冒着敌人的炮火，

冲洗四十年的冤仇。

拼命争取，

民族自由。

（三）

老头，老头！

他是中国的大老；

他是大众的领头。

他为老百姓努力，

劳苦功高像老牛。

谁害老头？

大众报仇。

（四）

老头，老头！

他是少年的领头。

老年常与少年游，

老头没有少年愁。

虽是老头，

不像老头。

在这首诗的后面，陶先生还加有一段附注，也很值得介绍：

沈钧儒先生，六十三岁的老翁，上海领导救国运动，亲自参加游行示威，走四五十里路，不觉疲倦。今年一·二八到庙行公祭沪战无名英雄，我曾追随先生参加游行。现读《永生》，见一照片，知为公祭五卅烈士之影，前排有个老少年，仔细看来，知道是先生，回寓即想写一首诗表示敬意。但行色匆匆，诗思不定，到新加坡前一日才写成。现飞寄先生清览，并致联合战线敬礼。

这段附注里的"老少年"三字，我觉得是形容沈先生的最好的名词。沈先生这次在上海被捕之后，曾在捕房的看守所里冰冷的水门汀上静坐了一夜——在那样令人抖颤的一个寒夜里！但是这种苦楚在他是丝毫不在乎的。自从我和沈先生同被拘捕以来，每看到他那样的从容，那样的镇静，那样的只知有国不知有自己的精神，我不由得受到了很深的感动；反顾我自己这样年青人，为着爱国受些小苦痛，真算得什么！这样一来，我的心也就安定了许多。

沈先生有四个儿子和一个女儿，都是很贤孝的，他们父子间的亲爱，也是令人歆羡不置的；沈先生伉俪情爱极笃，他的夫人去世以后，他于慈父之外，还兼有着慈母的职务。他的大儿子是留学德国的医生，二儿子是留学德国的土木工程师，他们两位都在国内为社会服务了；三儿子在日本学习商业管理，四儿子在德国学习电机，女儿在金陵女大理科。以沈先生的地位，尽可以做"老太爷"享福了，但是这位"老少年"为着救国运动，宁愿含辛茹苦，抛弃他个人的一切幸福。

我们不但要学沈先生的为国牺牲的精神，还要学他的至诚的爱；他以至诚的爱爱他的子女，以至诚的爱爱他的祖国，以至诚的爱爱他的朋友，以至诚的爱爱他的同志！我深深地感觉到沈先生的全部生命都是至诚的爱造成的！

我为着中华民族解放的前途，虔诚地为我们的"家长"祝福！

四十五 "难兄难弟"的一个

　　除"家长"外，我们还有几个"难兄难弟"，倘若这里所用的"难"字可作"共患难"的"难"字解。他们的尊姓大名，我想读者诸友也许都已经知道了，那就是和我同时被捕的几个朋友。让我先谈谈章乃器先生。

　　我记得第一次看见乃器的时候还在十年前。当时他已在浙江实业银行做营业部主任，因为想办《新评论》半月刊，由一位朋友介绍他到时事新报馆来看我。我们所谈的全是关于出版刊物的情形，我一点不知道乃器是怎样的一个人。不久他在华安保险公司楼上结婚，特约我去观礼，并临时"拉夫"，要我起来说几句话，这是我第二次和他见面。此后我们很少遇着，直到在上海文化界救国会成立以后，我们晤谈的机会才渐渐地多起来。我们的友谊的加深，唯一的媒介可以说是救国运动。尤其使我肃然起敬的，是他为着参加救国运动，虽牺牲二十年辛苦所获得的行长位置而毫不顾惜。自从他和我一同被捕以后，从捕房的监狱起，中间经过上海特区第二监狱、上海地方法院看守所、上海公安局，以及苏州高等法院看守分所，我们总是羁押在一起。他所念念不忘的只是民族解放的前途、救国运动的开展；至于对他自身的遭遇，我从未听见过他有一言一语的自怨自怼。我对于他的纯洁爱国的精神，得到了更深刻的认识。

　　乃器的性格是偏于刚强的方面，但却不是无理的执拗；他和朋友讨论问题，每喜作激烈的争辩，只要你辩得过他，他也肯容纳你的意见，否则他便始终不肯让步。有些朋友觉得他在争辩的时候有时未免过于严厉些，但是知道他的性格的人，便知道他心里是很纯洁的，是很热烈的，一点没有什么恶意。

在上海特区高三分院法庭审问的时候，审判长问到他曾否煽动上海的日本纱厂罢工，引起了他的抑制不住的愤怒，他昂首睁圆着眼睛大声疾呼地答道："我觉得很惭愧！因为我的力量还不够！倘若我有力量煽动日本纱厂罢工，我要很骄傲地回答审判长：我曾经煽动日本纱厂罢工！"审判长停了好一会儿，才又问道："你如果有力量，是要煽动的，那你至少是同情的。"乃器又不假思索地高声答道："是！"他接着又发出他的狮吼："中国工人在日本纱厂所受的虐待，和猪猡一样，请审判长问一问全法庭的每一个有良心的中国人，对于本国同胞遭受到侵略者这样惨酷的待遇，谁不表同情！"站在左右的法警弟兄们，听到他这几句激昂慷慨的话语，也不自觉地大点其头！

我和乃器同做了囚犯之后，对于他由穷苦奋斗出来的经历，也比较地更清楚些。他生于浙江青田的乡间，求学的机会很少，二十岁在杭州的浙江省立甲种商业学校毕业后，就进浙江实业银行做练习生，每月只得津贴两块钱。一年后他辞职往北方入通县农工银行做营业主任。这是一个附属于财政部的小银行，号称营业主任，月薪只有十六元。一年后升任襄理兼营业主任，月薪加了十块钱；但是和当时政府有关系的银行，政局有些变动，办事人的饭碗也随着变动，因此即此月薪二十六元的襄理，他只做了不到一年便滚蛋了。刚巧在北京有美国人和中国人合设中美实业公司，经营贸易和投资，美国人做经理，会计主任请他做，月薪有八十元，而且供膳宿。但是只做了三个月，因为代表美国人利益的洋经理擅用威权，他又愤然辞职。这样一来，二十四岁的章乃器又陷入了失业的恐慌境域，过着半年的很穷苦的流浪生活。随后回到上海，浙江实业银行的当局请他回到银行里去做营业部科员，月薪二十二元。十几年来因劳绩逐渐升任副经理兼检查部主任，后来又兼任中国征信所董事长。现在为着参加救国运动，都一笔勾销了！

从乃器的经历里，很显然地可以看到他办事的勇于负责，更可以看到他的正直的性格是在随处流露着。我尤其感触的是常人在职业上的位置愈高，往往颓唐，暮气愈深，学识也愈退步；乃器便完全两样。我们每读他的文章——尤其是两三年来有关救国问题的文章——没有不感觉到他从实践中得来的学识是时刻在那里前进的。

四十六 "难兄难弟"的又一个

其次要谈到"难兄难弟"的又一个——李公朴先生。

上节谈过的章先生是银行练习生出身；倘若练习生可算是摩登学徒的另一名称，那么李先生却也有着相类的发源，他原来做过镇江一家京广洋货店的学徒！他原籍常州，生长在镇江，十三岁的时候就被送到京广洋货店里去"学生意"。一学就学了三年半，除最后一年每月有一块钱的收入外，其余的时候，每月只得到所谓"月规钱"两角！他十六岁"满师"，但是他刚刚"满师"就开始"不安分"了！这个时候他就在"五四"运动的怒潮中发起爱国团,参加抵制日货,攻击店主卖日货,结果被开除!我觉得公朴的最大特点是有勇气、不怕难,就在这个时候已可见端倪了。

幸亏有他的阿兄公愚先生的帮助,勉强入校求学。在武昌文华大学附中只读了一年半,因校医虐待学生,酿成学潮,开除百余人,他是附中学生代表之一,也被开除,于是被开除的学徒又做了被开除的学生!他只得转学,最后转到沪江大学的附中,总算毕了业;但是在沪大一年级的时候,他又"不安分"了!他加入国民党,参加革命,从广东随北伐军出发,由福建、浙江而到达上海,做政治工作。到民国十八年,美国某大学有给与中国学生奖学金的机会,他便毅然赴美留学。在他动身的前几天,他的盘川还未筹足;可是他并不灰心,还是极力设法,终于得到朋友们的协助,达到他的目的。他到美国以后,很热心地替《生活》周刊写通讯。我和他做朋友,就在这个时候开始。我替所主持的刊物选稿向来是很严格的,那时的公朴,思想还不及现在的成熟,写作的能力也还不及现在的好,他的来稿并不是篇篇都登得出的。但是他却不管这些,你登,他很兴奋地再写来;你不登,他还是很兴奋地再写来!在这件事里也可以看出他的有勇气、不怕难。

他在美国虽有奖学金,仍不够用,所以同时还过着工读的生活。以这样一个穷学生,毕业后居然还心花怒放,要从他的学校所在地的仆特冷(Portland)到纽约去看看!可是没有盘川。他得到一个朋友的介绍,去见一个轮船公司的经理,想在他们开往纽约的货船上做工,免费乘到纽约去。那里的工头们看他是中国人,不肯传达,叫他出去!他过一两天又去问,又被叫着出去。

他不怕麻烦，继续着去问了十几次，才碰到那经理，结果许他在船上做些工作，途中弯了许多码头，整整一个月才到纽约。他在船上和水手们同干着笨重的苦工，还偷闲看他的书！这是他有勇气、不怕难的另一表现！

他回国以来，对于民众教育特别努力。除他所创办的《读书生活》外，尤其有成绩的是他四年来在上海所办的补习学校和流通图书馆。补习学校的数量由一个增加到八个，学生的人数由两三百人增加到四千五六百人。图书馆里的书籍由两千册增加到三万册；登记的读者由两三百人增加到两万人。补习学校的最近的全部经费，每年不及五万元；图书馆的经费最初每年不过五千元，最近每年也不及一万五千元。这些在中国都打破了纪录！在这图书馆里还附设有读书指导部，在中国也可算是创举。这些还是在表面上，在数字上可以看得见的方面。至于经费支绌时的奔走经营，黑暗势力压迫时的艰苦支撑，那却不是局外人在表面上所看得到的。倘若不是有勇气、不怕难，这个责任是很不容易担负起来的。

现在公朴已把他的这种勇气和不怕难的精神用到救国运动的阵线里来，这是我们要为救国运动前途庆幸的。

四十七　"难兄难弟"的又一个

我们这几个"难兄难弟"里面，居然有着三个学徒，这也可算是这几个人的奋斗史的特色。已谈过的两个是乃器和公朴，第三个要轮到沙千里先生。

据千里说，他在民国十八年（距今八年前）就曾经来看过我，那时我在辣斐德路一个小小的过街楼上办《生活》周刊，他已在一家趸批疋头的字号里做账房先生了。这一段故事，以及当时的情景，我已完全不记得。就寻常说，账房先生所注意的只是算盘，他竟注意到《生活》周刊，他平日对于新运动的注意和同情，从这种小事里已可想见了。后来我们就一直没有见过面。直到我由香港回到上海，才在救国会的会议席上遇着。我想千里在八年前来看我的时候，哪里梦想得到我们会住在一个牢狱里？

但是因此我对于我们的这个"小弟弟"的生平懂得更清楚一些，却是一件很愉快的事情。他是苏州人，生长在上海，十五岁的时候小学还未读完，就被送到一家趸批疋头的字号里做学徒，每月仅得"月规钱"二百文。因为他学习敏捷，办事负责，过了两年多就升任职员，每月月薪四块钱。不久账房缺人，他被请代理账房，后就担任清账房，月薪有了二十元，年龄约在二十岁左右。好些职员在闲暇的时候，喜欢酒食征逐，狂嫖滥赌，他却能利用闲暇的时间来增加自己的知识。他先在补习学校补习英文，喜欢阅看前进的刊物。后来他过着工读的生活，一面做账房先生，一面却在上海法科大学（即现在的法学院）做学生。那时只须考的成绩够得上就行，并不像现在对于升学文凭有着那样呆板的规定，所以千里虽然连小学毕业的文凭都还没有到手，但是因为他平日补习的勤奋，应试的成绩够得上，居然也有入大学的机会，替社会增加了一位能够主持正义的律师。看了这样的事实，为着一般穷苦出身力求上进的青年，我向来积极提倡的升学应该重视实际的考试成绩而不应死守文凭的主张，更得到有力的证明

131

（为着这件事，在《生活》周刊上曾和朱经农先生有过很激烈的辩论）。

千里不但有强烈的求知欲、坚强而有恒的研究精神，对于社会的新运动也有着深刻的注意和浓厚的同情。在民国十五年的时候，北伐军正在出发，还未到上海，一个账房先生的他，就奋起参加国民党的秘密工作。那时的上海，正是疯狂似的李宝章以杀头残害革命青年的时候。民国十七年，他曾经同几位朋友创办《青年之友》，一年半后被禁；前年十二月起主编《生活知识》，一年后也被禁。

今日的千里，我看他的求知欲的强烈，研究精神的坚强而有恒，和他在做学徒的时候没有两样；这只要看他这次在牢狱里还是那样孜孜不倦地研究英文，研究法律，便可以知道的。他在这里还学会了《苏武牧羊》的悲壮歌曲，这是没有听过的朋友们不可错过的！至于他参加救国运动的热烈，更不必我来多说了。

四十八　"难兄难弟"的又一个

我们的"难兄难弟"里面有一个胖弟弟——王博士。这个胖弟弟的样子生得那样胖胖白白，和蔼可亲！他的性情又是那样天真烂漫，笃实敦厚！凡是和我们这个胖弟弟做过朋友的，想都能得到这样的印象吧。

我第一次和造时见面，比认识乃器的时候迟了一半，是在五年前；但是他来看我的情形，却有些和乃器的相类。那时他正在光华大学做文学院院长，为着要替他所办的《自由言论》半月刊登记的问题，特到《生活》周刊社来和我商量。后来在蔡孑民先生等所领导的民权保障同盟开大会的时候，才第二次和他见面。此后没有机会碰着，一直到前年（一九三五）年底上海文化界救国会开成立大会的时候，他扶病到会，刚巧坐在我的旁边，我们才第三次见面。他对我说，国难严重到这样地步，他虽有病，也不得不勉强来参加。他在会场上还起来说了几句激昂慷慨的话；他说要起来组织救国会，先要有准备进监牢的决心，现在他自己果然进监牢了。

造时是江西安福县人。在我们这几个"难兄难弟"里面，他得到比较顺利的求学机会，因为他在十五岁的时候，就考进了北平的清华。那时这个学校是官费留美的预备学校，他进了这个学校，由中学而大学，由大学而出洋，出洋后由学士而硕士，由硕士而博士，都是一帆风顺的。但是在另一方面，他却不是没有逆境，却不是没有需要艰苦奋斗的逆境！那是他参加救国运动的方面。他十六岁在清华求学的时候，因为参加反对《巴黎和约》，要求罢免卖国贼曹、陆、章，就两次被捕过。第一次因领队到东安市场演讲被捕，第二次参加代表团向徐世昌请愿被捕。所以最近一次的被捕，在他算是第三次了。他回国后担任上海光华大学和中国公学等校的政治学教授，并加入《新月》杂志担任撰述。一年后"九一八"国难发生，他又被卷入了救国运动的旋涡！当时他发表了不少关于对日抗战的主张。后来被政府聘为国难会议会员，因反对限制讨论范围，代表平、津、沪国难会议会员和行政当局交涉无效，拒不出席。同时他发起上海大学教授抗日救国会和各团体救国联合会，以号召民主，主张抗日，援助上海抗战军队为主要任务。不久他又加入蔡先生等所发起的民权保障同盟，被选为上海分部执行委员。结果被禁止教书，不能再做教授了。于是他开始执行律师职务，并从事译著的工作。但是一年后他又加入上海文化界救国会和全国各界救国会，重振旗鼓，努力于救国运动。最近又第三次被捕了。

王博士具有演说的天才，尤其是在广大群众的大会场上，他能抓住群众的心理，用明晰有力的话语，有条理的说法，打动他们的心坎。

王博士屡有做官的机会，但是因为忠实于他自己的主张，不肯随便迁就，宁愿过清苦的生活，行其心之所安，这是很值得敬佩的。

四十九　一个"难妹"

和我同时被捕的几个"难兄难弟"，关于他们的生平，我已和诸君谈过了。最后要谈到我们的一个"难妹"。这个名词似乎很生，但是既有"难兄难弟"，为什么不可有"难姊难妹"呢？男女是应该平等的，救国运动也应该是男女都来参加的。现在有了"难妹"，正是中国妇女界进步的象征，所以我用这个名词，很觉得愉快。说"难妹"而不说"难姊"，这是因为和我们同时被捕的那位史良女律师，在我们里面是年龄最小的一个。

在这次同患难的几个朋友里面，我和史律师见面得最迟，虽则她在律师界的声誉，以及她参加救国运动的英勇热烈，都是很早就知道的。她思想敏锐，擅长口才，有胆量，这是略有机会和她接近的人就可以看得出的。我觉得她尤其有一种坚强的特性，那便是反抗的精神——反抗黑暗的势力和压迫。这种精神，在她很小的时候就流露了出来。例如她在十三岁的时候（民国六年），在本县的武进女子师范附属小学求学，做高三的正级长，就领导同学驱逐一个才不胜任的算术教员，掀起学潮，罢课三天，结果终于达到调换教员的目的，虽则因为她是这次学潮的首领，被记了一次大过，作为这个教员下场的条件。又例如她在十七岁的时候（民国十年），在女师本科三年级，因为同学们不满意颟顸的校长，她又领导同学驱逐校长，罢课示威，向南京教育厅请愿，大闹县公署，包围县长三小时，围困教育局长十三小时，结果胜利，达到调换校长的目的。当时她担任女师学生会会长，同时担任武进学联会评议部主任。

她二十三岁（民国十六年）毕业于上海法科大学。在随后五年里面，她担任过的职务有：南京总政治部政治工作人员养成所少校指导员，江苏省特种刑事法庭临时地方法院书记官，江苏省区长训练所训育员，江苏省妇女协会常务委员兼总务主任，青岛特别市党部训政科主任。自从民国二十年以来，她开始执行律师职务，在律师界已有五年了，有着很好的声誉，同时对于救国运动，非常努力。

史律师最近的被捕，已是第四次了。她在"五四"和"五卅"的怒潮中，曾经热烈参加妇女运动和学生运动，因为演讲和领导的工作，被上海捕房拘捕过两次。她在政治工作人员养成所任职的时候，有某主任追求她，被她拒绝，竟被诬为"共党"，被拘入南京模范监狱十四天，幸由吴稚晖、蔡子民两先生查明保释。后来她在特种刑事法庭临时地方法院任职的时候，又有某君追求她，五六年未达到目的，又诬陷她和"反动"有关，经该院停职侦查，结果认为毫无反动嫌疑，宣告无罪，仍得恢复原职。

去年十一月二十二日深夜，她和我们这几个"难兄难弟"同时被捕。第二天由高三分院审问，认为证据不足，准许"责付"律师保出，公安局仍坚向法院请发拘票，她拒绝到案，后以同案六人解送苏州高等法院依法审理，她便于十二月三十日到苏州自行投案。

我曾经征求史律师对于妇女运动的意见。她认为：还在双重压迫下的中国妇女，一方面自应加倍努力，求自身能力的充实，在职业上、经济上，力争男女平等的兑现，另一方面，也只有参加整个的反帝、反侵略的民族解放运动，才有前途。她又说，她最反对一种以出风头为目的的妇女，自己跳上了政治舞台，只求自己的虚荣禄位，朝夕和所谓"大人物"也者瞎混着，却把大众妇女的痛苦置诸脑后；这种妇女虽有一千人上了政治舞台，也只有一千人享乐，和大众妇女的福利是不相干的。

史律师还未曾结婚，有些朋友问她对于女子独身的意见，她说："我始终没有提倡过独身主义。我觉得独身并不是一件高尚的事情；结婚也不是一件低微的事情。高兴结婚就结，不愿意就不结。不过为着要免除工作事业的阻碍起见（如生育与家事麻烦等），结婚就算是私人的幸福，也只有牺牲一点，多做些工作与事业。"

有人问她"嫁不嫁"，她反对这个"嫁"字。她说这个"嫁"字明明是重男轻女，把女子嫁给男子；换句话说，还是把女子当作男子的财产；她认为这种因袭陈腐的思想是人们所应当注意纠正的。

史律师的反抗和奋斗的精神是值得我们敬重的。我们要提倡妇女解放，"免除工作事业的阻碍"的确是一件很重要的先决条件。我在苏联视察的时候，就看到他们对于这一点非常努力进行。可是生育这件事，他们也看作妇女对于社会的贡献，不过要极力造成良好的环境，使结婚不致成为"工作事业的阻碍"。

五十　"六个人是一个人"

因为监狱里男女是要绝对分开的，所以入狱后，我们的"难妹"是不能和我们在一起的，常在一起的只是我们的"家长"和几个"难兄难弟"。

我们六个人都到了上海公安局之后，"家长"就郑重宣言："六个人是一个人！"我们大家一致拥护这句话。

我们要有一致的主张和行动。我们参加救国运动，固然有着一致的主张和行动，那是不消说的。在这里所特别提出的，是在被捕的这个时期里面，我们也应该有着一致的主张和行动。关于这一点，我们一致议决了三个基本原则：（一）关于团体（指救国会）的事情，应由团体去解决；（二）关于六个人的共同事情，应由六个人的共同决议去解决；（三）关于各个人的事情，应由各个人自己负责。关于第一个原则，例如倘若有人提出解散救国会或其他有关整个团体的要求，我们六个人便不应该接受。关于第二个原则，例如倘有需要我们表示什么态度，或公布什么文件，便须经过六个人的公议决定。关于第三个原则，例如审问的时候，各人只对自己的部分负责，关于别人的部分便不应代为擅答，或有所牵涉。

"六个人是一个人！"我们六个人既已被捕进来，有罪大家有罪，无罪大家无罪；羁押大家羁押，释放大家释放。我们下了患难相共的决心。我们很坚决地要同关在一处。我们预先约定：倘若当局要把我们六个人分开羁押，我们必然地要一致以绝食来抵抗。这件事我们所以要"预先约定"，因为我们恐怕当局用迅雷不及掩耳的手段把我们分开，匆促间也许来不及知照；既已预先约定，倘若有这样的事实发生，不必有所知照，各人便应该依照共同的预约实行。

在这个预约还未议决以前，大家还先有一些讨论。讲到绝食，我们的胖弟弟似乎最没有什么顾虑，因为他常常要减少他的胖，绝食也许是减少肥胖的一种办法，虽则一直绝下去，在大块头也不免有绝命的一天！我们所最顾虑的是以"家长"的那样高年，绝食未免太苦了他，所以大家都主张"家长"可以除外。但是"家长"无论怎样不肯，他说，"六个人是一个人"，果有实行绝食抵抗必要的时候，他必须一同加入。于是这个预约便没有例外地一致通过了。很侥幸地，这个"议决案"到现在还没有实行的必要。

我们被押解到苏州，关在看守所以后，最初还可以接见亲友，自从十二月十四日以后（西安事件发生以后），看守所的形势突然紧张起来！不但朋友不准接见，连家属都不准接见了。门口不但忽然加了好几个武装的保安队，并加了好几个宪兵来监视我们。既不准接见，又不准看报，我们对于时局的真相是无法可以明了的。但是看守所的职员不免流露着恐慌的神情，我们也猜想到形势的紧张。我们对于时局和自己的遭遇都有着种种的估计——虽则估计所根据的材料当然是很不够的。我们都是纯洁爱国，胸怀坦白，原用不着有所忧虑，但是在混乱的形势下，意外的牺牲却也不是绝对不可能的。我们在无所不谈的当中，无意中也谈到枪毙的问题。我们提出的问题是假使来了不测之祸，把我们这几个人绑出去枪毙，我们应该怎样？我们的一致的回答是应该一致地从容就义。我们一致主张出去的时候应该高唱《义勇军进行曲》——"起来！不愿做奴隶的们！……"临刑时应该一致大呼：打倒日本帝国主义！民族解放万岁！这个"议决案"当然到现在也没有实行的必要，否则我便没有机会写这些文字给读者诸友看了！我们并且希望永远没有实行这个"议决案"的必要！

救国是一件极艰苦而需要长期奋斗的事情。参加救国运动的人当然要下最大牺牲的决心，但同时却须在不失却立场的范围内，极力避免不必要的牺牲，因为我们要为救国运动作长期的奋斗。我们这次的不幸被捕，有些人说这是"求仁得仁"，这句话很有语病，因为如果说我们的目的是要进牢狱，现在我们进了牢狱便是"得仁"，那是大错而特错！我们的目的是要救国，并不是要进牢狱！进牢狱绝对不是我们所"求"的，只是一种不幸的遭遇。我们为着要替救国运动做更多的工作，是要在不失却立场的范围内极力避免的。我在上面所以说希望永远没有实行那个"议决案"的必要，理由也在这里。

五十一　前途

我们这次不幸被捕的几个朋友，承蒙许多亲友和同志们的热诚慰问，奔走援救，实在觉得非常地感愧。我每看到许多好友们，无论曾经见过面没有，有的冒着大雨大雪，有的不顾长途跋涉，抱着满腔的热烈情绪来探望我们，每读到许多读者好友们的许多函电，横溢着满纸的义愤和系念来安慰我们，未尝不深深地感到深情厚意，永不能忘。我们报答之道，只有更努力于救国运动，更努力于为大众谋福利的工作。

当然，救国运动决不是少数人所干得好的，必须大家都来干；为大众谋福利的工作千头万绪，也不是少数人所能干得完的。我们一方面固然要各就自己的能力，对于救国的整个动向，对于国家建设工作的整个的计划，尽其相当的贡献；一方面还要各就自己的能力，对于救国的整个动向，在国家建设工作的整个的计划之下，努力于自己所能干的局部的工作。

根据这个观点，我一方面愿竭尽我的绵薄，追随许多救国的同志们，共同努力于整个动向和整个计划的商讨和遵守；一方面愿在这整个动向和计划之下，努力于我十几年来所辛勤从事的文化事业。我深信一个人的工作的效率，同他的特长和经验有着密切的关系；如能善用他的特长和经验，比较地容易获得事半功倍的效果；如抛弃了他自己的特长和经验而另外去干别的事情——与原有的特长和经验不相干的事情——那在个人是自暴自弃，在国家和社会也是一种损失。这当然不是无条件地反对改业。有些人觉察到自己的能力更适宜于某种新的事业或职务，于是抛弃原有的事业或职务，这是对的。我们各人都该求得最大的贡献。所谓"最大的贡献"，我的意思并不是指什么夸大狂的心理，不是说要和什么别人比大小，却是说自己对自己比。你自己能善用自己的能力和适于发展自己能力的环境，这样的贡献，比不能善用自己的能力和适于发展自己能力的环境，当然是要大些；你如能尽量善用自己的能力和适于发展自己能力的环境，那在你便是最大的贡献了。各人的能力虽有大小，但是依这样的意义说起来，无论何人，除了有害人群的事业（倘若这可称为"事业"）外，各人都可有各人的最大的贡献。竭智尽力求得这种"最大的贡献"，这是人人对于自己对于社会应负的责任。

　　我常常督促自己担负起这个责任，常常提醒自己不要忘却这个责任。我曾经告诉过诸君，我在小学里就想要做个新闻记者，二十年来虽因处境的困苦艰难，在求学和就业方面往往不得不"走曲线"，但是平日的修养训练，以及十几年来所聚精会神的工作，都和新闻事业脱离不了关系，虽则其间办周刊的时间较长，办日报的时间较短。我在二十年前想要做个新闻记者，在今日要做的还是个新闻记者——不过意识要比二十年前明确些，要在"新闻记者"这个名词上面，加上"永远立于大众立场的"一个形容词。我所仅有的一点微薄的能力，只是提着这支秃笔和黑暗势力作坚苦的抗斗，为民族和大众的光明前途尽一部分的推动工作。我要揣着这支秃笔，挥洒我的热血，倾献我的精诚，追随为民族解放和大众自由而冲锋陷阵的战士们，"冒着敌人的炮火前进"！

我写到这里，要写几句结束这《二十年来的经历》的话了。这篇文共有五十一节，第六节以前是曾在《生活星期刊》上发表过的，第七节以后是在苏州高等法院看守分所里写的。自二十五年十二月十四日起动笔，至二十六年一月二十二日写完。写这一节的时候，正是在一月二十二日这天的下午，很静寂地坐在看守所的餐室里一个方桌的一旁。在这方桌的右边坐着章先生，对面坐着沙先生，都在和我一样地拿着笔很快地写着，左边坐着王先生，很静默地看着他的书。

在我写着这节文字的时候，我们在苏州过着监狱生活已经四十九天了（被捕到现在整整两个月了），检察官来侦查过了四次，每次问的话都差不多。我们几时能离开这个监狱生活，或竟要再关下去，在我写的时候都还不得而知。但是这本书，我这时却想先把它结束一下付排，关于我们的消息，让我在最后付排的"弁言"里报告吧。

民国二十六年一月二十二日下午五点
脱稿于江苏高等法院看守分所

在香港的经历

一 波动

七八年来，我的脑际总萦回着一个愿望，要创办一种合于大众需要的日报。在距今四年前，由于多数读者的鼓励和若干热心新闻事业的朋友的赞助，已公开招股筹办，于几个月的短时期内招到了十五万元的股本，正在准备出版，不幸以迫于环境，中途作罢，股款连同利息，完全归还。这事的经过，是读者诸友所知道的。但是要创办一种合于大众需要的日报，这个愿望仍继续地占据了我的心坎，一遇着似乎有实现这件事的可能性的机会，即又引起我的这个潜伏着的愿望的波动。

有一位老友在香港住过几个月，去年年底到上海，顺便来访问我，无意中谈起香港报界的情形。据说在那个地方办报，只须不直接触犯英国人的利益，讲抗敌救国是很有自由的，而且因为该地是个自由港，纸张免税，在那里办报可从纸张上赚些余利来帮助维持费，比别处日报全靠广告费的收入，有着它的特别的优点。这位老友不过因谈到香港的状况而顺便提及香港报界的一些情形，他虽言之无意，我却听之有心，潜伏在我心坎里多时的那个愿望又起了一次波动。

今年（一九三六年）的三月间，我便带着这样暗示的憧憬到香港去看看。我先找些当地新闻界的朋友谈谈。我们虽然是初次见面，但是因为在文字上久已成了神交，所以很承蒙他们热诚指教，认为可以办。

于是我便想到经费。我坚决地认为大众的日报不应该是一两个大老板出钱办的，所以我无意恳求一两个大老板的援助；又坚决地认为大众的日报应该要完完全全立于大众的立场，也不该由任何一党一派出钱办的，所以我也无意容纳任何党派的援助。结果当然想到公开招股的办法。但是公开招股无论怎样迅速，不是在很短的时期内所能完成的，尤其是因为要顾到入股大众的利益和创办者的信用起见，我们决定在公司创立还未开幕以前，对已收到的股款不应先有丝毫的动用。要印日报，非自备印刷机不可，因为找不到相当的印刷所来承印。办报自备印刷机，是一项很大的开支，这是又一个难题！

但是事有凑巧，不久有一个印刷公司因为要承印一家日报，从德国买到了一个一九三五年式的最新印刷机，每小时能印日报一万九千份。那家报的每日印数只有一万份，所以这部印刷机很有充分的时间余下来再承印另一家报。这个意外的机会使我兴奋起来，因为印刷机无须自备，这至少在短时期内使我们在经济上轻松了许多，至于此外的开办费和暂时的维持费，那是有设法的可能的。

这样，我才开始筹备。我在上面已经说过，已收到的股款，在公司创立还未开幕以前，不应先有丝毫的动用，我当然要严守这个原则。但是要先把《生活日报》试办起来，是不能不用钱的。我便和在上海的几位热心文化事业的好友商量，由我们几个人辗转凑借了一笔款子，经过一个多月的特别快的筹备苦干，到六月七日那一天，七八年来梦寐萦怀的《生活日报》居然呱呱坠地了！其实在香港的读者和它第一次见面虽在六月七日的早晨，而这个孩子的产生却在六日的深夜。那天夜里我一夜没有睡，自己跑到印刷所里的工场上去。我亲眼看着铸版完毕，看着铸版装上卷筒机，看着发动机拨动，听着机声隆隆——怎样震动我的心弦的机声啊！第一份《生活日报》刚在印机房的接报机上溜下来的时候，我赶紧跑过去接受下来，独自拿着微笑。那时的心境，说不出的快慰的心境，不是这支秃笔所能追述的！这意思并不是说我对于这个"处女报"的格式和内容已觉得满意——不，其实还有着许多的不满意——但是我和我的苦干着的朋友们的心血竟得到具体化，竟在艰苦困难中成为事实，这在当时的我实不禁暗中喜出了眼泪！我知道这未免有些孩子气，有些"生惕门陀"（sentimental），但是人究竟是感情的动物，我也就毫不隐饰地很老实地报告出来。

  我们因为试办的经费是由几个书呆子勉强凑借而成的，为数当然很有限，所以报馆是设在贫民窟里，经过了不少的困难和苦斗。如今追想前尘影事，虽觉不免辛酸，但事后说来，也颇有趣，下次再谈吧。

二　贫民窟里的报馆

我在上次和诸君谈过，我们在香港的报馆因为试办的经费是由几个书呆子勉强凑借而成的，为数很有限，所以是设在贫民窟里。但是说来好笑，我正在香港贫民窟里筹办报馆的时候，香港有一家报纸登出一段很肯定的新闻，说我被广西的当局请到南宁去，担任广西省府的高等顾问，同时兼任南宁《民国日报》总主笔和广西大学教授，每月收入在六百元以上云云。你看这多么阔！不但"顾问"，而且是"高等"；不但兼了"总主笔"，而且还兼着"大学教授"！一身兼这样的要职三个，依我们所知道的一般情形看来，每月收入仅仅在六百元以上，似乎还未免过于菲薄的。但是在我这样的一个穷小子看来，确觉得这是一个不小的数目，而且老实说，确也有些垂涎欲滴！因为我自从结束苦学生的生活，在社会里混了十多年以来，从来没有赚过这样大的薪水。自从在十年前因《生活》周刊业务发达，我不得不摆脱其他一切兼职——要附带声明的是这里没有什么"高"，没有什么"总"，也没有什么"大"，只是有着夜校教员之类的苦工——用全副精神来办这个刊物，计算起来，每月收入总数还少去十块大洋，十年来一直是这样。我有大家族的重累，有小家庭的负担，人口日增，死病无常，只靠着一些版税的收入贴补贴补；因为出国视察借了一笔款子，有好几本著作的版税已不是我自己的，除把版税抵销一部分，还欠着朋友们几千块钱，一时无法偿还；不久以前一个弟弟死了，办丧事要举债；最近有一个庶母死了，办丧事又要举债。好了，不噜苏了，在这样严重的国难里面几乎人人都有"家难"的时代，我知道诸君里面有着同样痛苦或更厉害的痛苦的一定不少，我不该多说关于个人的诉苦的话，我只是说像我们这样的穷小子，"每月收入在六百元以上"并不是用不着，但是我们为保全在社会上的事业的信用，我们绝不能无条件地拿钱，而且我们知道仅仅孜孜于在各个人的圈子里谋解决，也得不到根本的解决。

话越说越远，我不得不请诸君原谅，现在再回转头来谈谈在香港贫民窟里办报的事情吧。我在香港只是在贫民窟里办报，从未到过广西，所以谁做了广西政府的"高等顾问"等等，我不得而知，所知道的只是在香港的贫民窟里所办的那个报馆。

香港的市面和大多数的居民是在山麓，这是诸君所知道的。在这里你要看看豪华区域和贫苦区域的对比，比在任何处来得便当，因为你只要跑到山上的高处俯瞰一下，便看得见好像汪洋一大片的所谓西营盘和它的附近地方，都是些狭隘龌龊的街巷和破烂不堪的房屋，像蚁窟似的呈现在你的眼前。但是除了这样整批的贫民窟之外，在热闹的市面，于广阔的热闹街道的中间，也夹有贫民窟，这可说是零星的贫民窟。我们的报馆一面要迁就热闹市面的附近，一面又出不起那昂贵的屋租，所以便选定了一个零星贫民窟里的一条小街上的一所小屋——就是也许已为诸君所耳熟的利源东街二十号。

这一条短短的小街虽在贫民窟里，虽然汽车货车不许进去，地势却很好，夹在最热闹的德辅道和皇后大道的中间，和印刷所也很近。这屋子号称三层楼，似乎和"高等顾问"有同样阔绰的姿态，但是每层只有一个长方形的小房间，房间的后面有一个很小的厨房，前面临街有一个窄得只够立一个人的露台。至于屋子材料的窳陋，那是贫民窟房屋的本色，不足为怪。天花板当然是没有的，你仰头一望，便看得见屋顶的瓦片。上楼是由最下层的铺面旁边一个窄小的楼梯走上去的。你上去的时候，如不凑巧有一个人刚从上面下来，你只得紧紧地把身体贴在墙上，让他唯我独尊地先下来；这好像在苏州狭隘的街上两辆黄包车相碰着，有着那样拥挤不堪的滑稽相。屋子当然是脏得不堪，但是因为包括铺面的关系，每月却要租一百块钱。我承蒙一位能说广东话的热心朋友陪着到经租账房那里去，往返商量了好几趟，在大热天的炎日下出了好几次大汗，总算很幸运地把每月屋租减到九十块钱。

这样脏得不堪的房子，当然需要一番彻底的粉刷，否则我实在不好意思请同事踏进去；并不是嫌难看，要努力办事不得不顾到相当的健康环境。可是那里的粉墙经过粉刷了五次，才有白的颜色显露出来。漆匠大叫倒霉，因为他接受这桩生意的时候，并未曾想到要粉刷到五次才看得见白色。我不好意思难为他，答应他等到完全弄好之后，加他一些小费。那个窄小的楼梯，是跑二楼和三楼必经之路，楼梯上的木板因年久失修，原来平面的竟变成了凹面的了，有的还向下斜，好像山坡似的，于是不得不修的修、换的换，这也是和房东办了许多交涉而勉强得到的。

谈起来似乎琐屑，在当时却也很费经营，那是小便的地方。在那贫民窟的屋子里，一般人的习惯，厨房里倒水的小沟（楼上也有，由水管通到下面去），同时就是小便的所在，所以厨房和楼下的屋后小弄，便是臭气熏蒸的区域。报馆里办事的人比较的多，需要小便的人无法使它减少，如沿用一般人的办法，大家恐怕要熏到头痛、无法办公了。说的话已多，这事怎样解决，只得且听下回分解吧。

三　惨淡经营之后

在贫民窟里办报馆，布置起来确是一件怪麻烦的事情！我曾经说过，我们的报馆所在地的利源东街，是夹在两条最热闹的街道的中间。在那两条最热闹的街道上，各店铺里的卫生设备是不成问题的，因为在地下都装有现成的沟筒，他们都可以装设抽水马桶和有自来水冲的白瓷小便斗。但是利源东街离这两条大街虽不过几步远，情形便大不同了。因为那条街上的住户根本没有力量享受卫生的设备，所以地下根本就没有什么卫生设备适用的沟筒。你独家要装设也可以，不过先要就马路的下面装设沟筒，从大街的地下沟筒接到屋里的地下来才行。这项工程至少要花掉一千多块港币，合华币要近两千块大洋，这当然不是我们这样的穷报馆所出得起的，只得想都不去想它。那几天我常常到报馆里去视察修理工程的进行，屡次有"苦力"模样的不速之客跑来盘问，他讲的是广东话，我一窍不通，但是他却"锲而不舍"，找个懂广东话的朋友来翻译一番，才知道他为的是马桶问题。原来在那个贫民窟里倒马桶的生意，也有好几个人要像竞争国选那样地热烈，争取着"倒权"！他们的这种重要的任务，却也很辛苦，每夜一点钟的时候，就要出来到各户去执行"倒权"的；在取得"倒权"以前，还要经过一番激烈的竞争。在我们呢？马桶问题倒不及他们那样着急,因为我们把第二层的后间那个小厨房粉刷一番,叫木匠师傅用木板来隔成两个小间,买两个白瓷马桶,加些臭药水,还勉强过得去。所要设法解决的是小便所问题,我原想买个白瓷小便斗,装在自来水龙头下面,斗底下装一个管子,通到下层地下深处的泥里去;这样可以不必以后弄为尾间,稍稍顾到公众的卫生。主意打定之后,便和一位能讲广东话的朋友同跑到一家专卖白瓷抽水马桶和白瓷小便斗的公司里去接洽。那公司里的执事先生们听说是个报馆里要装白瓷小便斗,以为是一件很阔的生意经,很殷勤地特派一位"装设工程师"到我们的报馆里来设计,我们觉得却之不恭,只好让他劳驾。那位"装设工程师"一踏进我们的小厨房便摇头,他说在这里要装设白瓷小便斗,先要打样绘图呈请香港政府核准,领取执照,否则便是违法的行为,干不得!我问他,在那条街上一般住户都是在厨房的水沟里随意小便,使厨房和后弄都臭气熏蒸,是否也要呈请香港政府核准呢?他知道这是开玩笑的话,彼此付之一笑。但是小便所问题还是未得解决。最后只得雇泥水匠,用白瓷砖就水沟的洞口砌成一个方形的大斗,下面挖洞,每日由茶房负责倒水冲几次,由那里还是要流到后弄去,那也就无可如何的了。这在该处的泥水匠是一个新式的"工程",做得不对,以致做了又拆,拆了又做,经过几次的麻烦,才算勉强完事。

屋子的后部分的问题算解决了,但是屋子的前面是朝西,阳光逼着要使你中暑,于是决定装设一个布篷,装设两个风扇,并在那狭隘的露台的铁栏杆上排几盆花草。门面和内部都油漆一新。这样惨淡经营之后,这一所房屋,在那条贫民窟的街道上简直是一所很整洁的屋子了。我把它比作一个十足的乡下土佬儿硬穿上一套时装。

有许多同事是陆续由上海来的,我每次很高兴地到码头去接他们,他们到了第一件事是要先到报馆去看看。我虽知道这时我已费了一个多月的工夫,把这个贫民窟的屋子刷新了一下,但是心里头还是忐忐忑忑,不知道同事们看了觉得怎么样,虽则我引导他们进报馆的时候,总是一团高兴,因为这是经过一番苦功夫所得的结果。后来他们里面有的承认初看的时候觉得很不惯,后来也就渐渐地看惯,觉得很自然了。

我的办公室是就二层楼的前一部分,隔成一个小小的房间,排着三张办公桌,已是挤得难于回旋。窗关着很闷;窗开着吧,斜对面的那家小铁店的煤烟常常溜进来,替你的桌上和面孔上加些材料。那里的房屋都是两层楼的楼房,中间隔开的街道既然很窄,所以两边楼房相望是很近的。有一夜,斜对面的楼上死了一个人,全家十几口,男男女女,大大小小,都挤在那个小房间里围着躺在床上的死尸哭着,哭得很悲哀,听了令人为之惨然。我正坐在自己的小房间里写社论,因为距离很近的缘故,那个硬挺挺僵卧着的死尸,恍惚就睡在我的身旁似的,尤其是那样悲哀的泣声,使我虽拿着笔在构思,心目中所涌现的总是一个死尸,一群穷苦的妇人孩子围哭的惨况。心里想也许那一群可怜的妇人孩子们全靠那个死人活命,现在是陷入了非常凄惨的境域了!心思这样地被扰乱着,好久好久写不出一个字来!

被我由法国电请回来帮忙的胡愈之先生,他的办公桌就在我的对面,有一夜他发现一个大蜈蚣!如在不知不觉中,乘他在写作无暇他顾的时候,取道他的裤脚管向上前进,那还得了!他生怕再有蜈蚣出来。他摇头慨叹这种地方真有些危险!我想他当时的两个裤脚管里大概是常在宣布戒严的状态中!

四　一个难关

在香港办报,登记也是一个难关——这登记当然是向香港政府要求的。我在事前就听见说"外江佬"——不是广东人——尤其是名字被多数人知道的文人,要出面登记,是很不容易通过的,因为他们怕有什么政治作用。这在逻辑上似乎讲不通,因为有政治作用的,广东佬也尽有可能,并不限于什么"外江佬";名字不见经传的文人也不见得都是驯服的羔羊。但是他们不讲这些,他们只怕由外面来的人有着捣乱的阴谋,使他们的统治发生危险。这种心理犹之乎我由欧洲到美国上岸的时候,美国的移民局人员"像煞有介事"地问我有没有意思要推翻美国政府!香港政府最放心的是本地的商人出来办报,理由是他的唯一宗旨是在赚钱。我既不是广东佬,又不是商人,尤不幸的是名字又不能避免被人知道,所以出面登记是十之八九难于通过的。但不幸中的幸事是有一位足够资格的朋友热心赞助,由他出面去登记。登记的手续照例是要亲到香港政府里什么"华民政务司"洋大人那里给他问话。最要紧的话是问你为什么要办报?这位"识相"的朋友要咬定宗旨说是要赚钱。要赚钱是他们认为最可钦佩的大志,至高无上的美德,这个难关便这样地被通过了。

当然,若要人不知,除非己莫为,天下事是终要水落石出的。

在登记完毕以后，是谁在那里主办，终要被香港政府知道的。不过英国人素以"法治"自许，在法定的手续完毕之后，除非你在法律上犯了什么罪名，他们是不好意思随随便便取消你的登记的。最糟的是在登记的时候，他们如果已在疑心生暗鬼，便要干脆地不准许；在已经准许之后，却不致随随便便取消你的登记。这种"法治"的实质究有几何，姑且不论，但说来好笑，据说住在香港的一般广东佬，遇着与人吵嘴的时候，他常要这样地警告对手的人："你不要这样乱来，这是个法治的地方啊！"无论如何，后来香港政府的警务处终于知道那个报是我在那里主办的；这不足怪，因为他们有侦探，这种情报当然是可以得到的。

这虽不致就取消我们的登记，但是既受他们的严重的注意，就不免要增加许多麻烦。他们要进一步抓到我们的把柄。有一次香港某银行的经理，因为香港政府禁止青年会民众歌咏会的事情去见警务司，刚巧我们的报上发表一篇鼓励这歌咏会的社论，那位警务司便再三向他诘问我为什么要在香港办报，并老实说他们无时不在严重地注意我。同时有朋友来告诉我，说警务处曾有公文到新闻检查处（香港政府设的），叫检查处每天要把检查《生活日报》时所抽去的言论和新闻汇送到警务处察阅。他们的意思以为已经检查过的东西不会有什么毛病，被检查抽去的东西便一定要露出马脚来，一旦被他们捉着可以借口的证据，那就可以开刀了！这可见我们当时所处的环境的紧张。但是事实究竟胜雄辩，他们的侦探，他们的检查员，费了许多工夫之后，所得到的最后结论却很妙，他们说："这只是几个读书人办的报，没有什么政治的背景！"倘若他们所谓"政治的背景"是指有什么党派的关系,那我们当然是丝毫没有,他们的话是完全对的;但是我们却未尝没有我们的背景!我们的背景是什么?是促进民族解放,推广大众文化!我们是完全立在民众的立场办报,绝对和任何党派没有关系,但是我们办报却也有我们的宗旨。我们的宗旨是要唤起民众,共同奋斗来抗敌救国。

但是我们总算侥幸得很,在他们的那个"最后结论"之下,我们少了许多不必要的麻烦。我们不但得到警务处的谅解,而且也得到新闻检查处的谅解。

但是这个意思却也不是说新闻检查处就一定没有麻烦。关于香港的新闻检查处,有它的很有趣的特别的情形,留待下次再谈。

五　新闻检查

谈起香港的新闻检查,却有它的饶有趣味的别致的情形,虽则在我们主张言论自由的人们,对于新闻检查总觉得是一件无法欢迎的东西。

香港原来没有什么新闻检查处,自从受过海员大罢工的重大打击之后,惊于舆论作用的伟大,害怕得很,才实行新闻检查,虽明知和英国人所自诩的"法治"精神不合,也顾不得许多了。据我们的经验,香港新闻检查处有几种最通不过的文字,其一便是关于劳工问题,尤其是关于提倡劳工运动的文字。香港的新闻检查原在吃了工潮苦头之后才有的,他们最怕的当然是直接或间接和劳工有关系的文字。例如陶行知先生的《一个地方的印刷工人生活》那首诗,说什么"一家肚子饿,没有棉衣过冬,破屋呼呼西北风，妈妈病得要死，不能送终！"这些话是他们所最怕听的！至于那首诗的末段："骂他他不痛，怨天也无用，也不可做梦。拳头联起来！碰！碰！碰！"那更是他们听了要掩耳逃避的话语！所以这首诗在香港完全被新闻检查处抽去，后来我们把它带到上海来，才得和诸君见面（见《生活星期刊》第十二号）。

他们不许用"帝国主义"，所以各报遇着这个名词，总写作"××主义"，读者看得惯了，也就心领意会，知道这"××"是什么。我们知道，在上海各种日报上还可以把这四个字连在一起用，这样看来，香港新闻检查似乎更严厉些；其实也不尽然，例如在上海有许多地方为着"敦睦邦交"，只写"抗×救国"；在那里，这"抗"字下的那个字是可以到处明目张胆写出来的。中国人在那里发表抗敌救国的言论倒比上海自由得多。这在我们做中国人的说来虽觉汗颜无地，但却是事实。《生活日报》开张的第一天，香港的日本领事馆就派人到我们的报馆里订报一份，好像公然来放个炸弹！但是我们后来对于抗敌救国的主张还是很大胆地发表出来。

他们不但检查新闻，言论同样地要受检查。有些报纸上的社论被他们完全抽去，因为夜里迟了，主笔先生走了，没有第二篇赶去检查，第二天社论的地位便是一大片雪白，完全开着天窗，这是在别处所未见的。有一天看见某报社论的内容根据四个原则，里面列举这四原则，但是在（一）下面全是接连着的几行××，在（二）（三）（四）各项下面也都同样地全是接连着的几行××！这篇东西虽然登了出来，任何人看了都是莫名其妙的。《生活日报》的社论还算未有过这样的奇观。我每晚写好社论之后，总是要等到检查稿送回才离开报馆。有一夜因检查搁置太迟，我想内容没有什么"毛病"，先行回家，不料一到家踏进门口，就得到报馆电话说社论被删去了一半！我赶紧猛转身奔出门，叫部汽车赶回报馆，飞快地写过半篇送去再试一下，幸得通过，第二天才得免开一大块天窗。其实我所要说的意思还是被我说了出来，不过写的技术更巧妙些罢了。不论他们删除得怎样没有道理，你都无法和他们争辩，都无法挽回。有一次我做了一篇《民众歌咏会前途无量》，结语是"我们希望民众歌咏会普遍到全中国，我们愿听到十万百万的同胞集体的'反抗的呼声'！"这末了五个字是我引着香港青年会发起这歌咏会的小册子中的话，但是他们硬把"反抗的呼声"这几个字删去，成为"×××××"，我看了非常地气，尤其是因为检查处的人也都是中国人，但气有什么用？

有时因为检查员没有看懂，有的话语也可以溜过去。据说某报有一次用了"布尔乔亚"这个名词，检查员看不懂，立刻打电话给那个报馆的主笔，查问这究竟是个什么家伙，答语说是"有钱的人"！有钱的人应该是大家敬重的，于是便被通过了！

广告虽不必检查，但报馆要依检查处的禁例，自己注意。例如登载白浊广告，"浊"字要用口的符号来代替，和生殖器或性交等等有关系的字样都要用口的符号来代替。据说他们的理由是：凡是你不可以和自己的姊妹说的，就不可以登出来。这理由可说是很别致的！说来失敬，帝国主义和白浊竟被等量齐观，因为在各报的广告上（大都是属于书籍的广告），也只可以用口口来代替"帝国"两个字。

六 一个有利的特点

我在上次和诸位谈过香港新闻检查的情形。我们主张言论自由的人们根本反对新闻检查的制度，所以对于香港的新闻检查当然也说不上有什么好感。但是平心而论，中国人在香港办报，尤其是在当前的阶段，所受到的检查制度的桎梏，比在中国各处却是比较地好些。这并不是说香港的检查比别处宽大些，却是因为他们所忌的特点不同，而这些特点在我们却没有很大的妨碍。例如他们对于攻击英国的言论是最忌的，有妨碍英帝国尊严的新闻是最忌的；这在我们正要全国集中力量对付我们民族最大敌人的阶段，我们对于其他各国原不愿多所树敌，不但不愿多所树敌，而且要尽量增加他们对中国的好感；在这种情况下，我们对于英国，只须他们没有帮助我们民族最大敌人的行为，原来就无意和他们为难的。又例如他们最怕煽动阶级斗争，所以凡是关于这类的文字和消息，也是他们所最忌的；这在我们正在极力提倡全国不分阶层团结御侮的时候，我们救国主张是从整个民族的解放做出发点，他们的那种顾忌也并不致妨碍我们的任务。又例如他们最怕有人扰乱香港的治安，以致动摇他们在香港的统治；这在我们集中力量对付我们民族最大敌人的时候，也用不着就和香港的统治者为难，所以也不致妨碍我们。

此外，在那个地方，我们却得到一个有利的特点，那就是他们对于日本的畏惧心理，并不像其他地方的诚惶诚恐，摇尾乞怜得不像人样！我们对于抗敌救国的主张和敌人侵略我们的消息，都还可以登得出来。这个特点实给予不愿做奴隶的中国人办报的一种很大的便利。香港是英国的殖民地,做中国人的人要在这个地方才有这样的权利,说来当然是可为痛哭流涕的。有人说香港是殖民地,中国是半殖民地,谁料得到在这一点上,半殖民地还比不上殖民地!

最后还有一个特点,有些人也视为莫大的便利,在《生活日报》却无意利用它,因为在事实上没有利用它的必要。这个特点是这样:假使中国有甲派和乙派做对头,甲派要打倒乙派(或乙派要打倒甲派),那甲派在香港办报的可尽量丑诋乙派,攻击乙派,打倒乙派。可是《生活日报》是无党无派的报纸,它无意拥护哪一派,打倒哪一派,它只主张全国各党各派在国难这样严重的时候,应该大家抛开旧仇宿怨,一致团结起来救国;它所要赤诚拥护的是中华民国,它所要打倒的是做着全国公敌的汉奸。

还有一句公道话我应该说的,香港检查处的职员都是中国人,他们多少还有些民族意识,凡是关于抗敌救国的言论和消息,他们都还肯尽可能地通过。关于民族敌人侵略我们国家和蹂躏我们同胞的事实,他们也都还肯尽可能地放松。

广东在陈济棠氏当权的时代,对于新闻检查也是很苛的,广东的报纸对于广东的新闻是不敢依事实报道的,结果是在广东的人民不信任本地报纸的报道;要知道广东的真实消息,要在香港的报纸上去看。这当然是很不幸的现象,但是在压迫言论界的当局并不肯想到这一点;在压迫下的言论界失却了一般人民的信任心,反而增加民众对于当局的怀疑。那时广东人要知道真确的"粤闻",不信广东报而信香港报,便表示当时广东当局的信用破产！不能在内政和外交的事实上取得人民的信任，却想用压迫言论界的手段来获得人民的信任，这是合于一句老话，叫作"南辕而北辙"，埋头苦干着天地间至愚极蠢的事情！

香港这个地点实在不宜于以全中国为对象的报纸。这方面的理由，我在后面要谈到；不过讲到该处的检查束缚——当然仍是不合理的束缚——确比中国各处好些，这只要看了上面的解释便明白了。有些朋友不明白这里面的情形，以为离开半殖民地，跑到殖民地去办报，是很可怪的，因为他们觉得殖民地的言论不自由当然要比半殖民地还要厉害。其实也不尽然。

七　种种尴尬

我们在香港办报，因为当地的新闻检查有他们的特点，我们还不感觉得怎样大的妨碍，至少和"半殖民地"的情形比较起来，我们还可以多说几句话，多得到一点言论自由，多登出一点真确的消息。我们毫无意思要歌颂殖民地的新闻检查制度，尤其看到他们对于西文的报纸不检查，专对中文的报纸为难，更显出不公平；至于我们立于报人的立场，根本反对新闻检查制度，那是不消说的。不过我们看到"半殖民地"比殖民地更不如，却不胜其慨叹！

我们在香港尤其感到困难的却是印刷业的落后。我们虽未曾普遍调查，但是想到承印我们日报的那家印刷所的工作情形，至今还忘记不了那种麻烦！那里是用包工制的，我们很郑重地和工头约法三章，什么时候交稿，什么时候看校，什么时候拼版……

他都一一答应；但是每次都不按照所规定的时间，报纸应该可以在早晨六点钟出版的，他们往往替你延展到八点钟、九点钟！屡次交涉，屡次无效。编辑先生惨淡经营地把新闻这样排、那样排，排得自己认为可以了，第二天早晨翻开报来一看，他排在那里的，现在却发现在这里，大搬其场！有的时候在当夜就被编辑先生发觉，叫他们照规定的样子排过，他们愤然很不客气地说："你就拿出一万块钱来，我们还是不改！"我们和他们讲理，他们说："我们香港的工人就是这样的。上海的工人顶括括，我们是比不上他们的。"

校样上的错字，校对先生改正之后拿去，他们随意替你改排几处，随意替你留下几处不改，马马虎虎打一张清样交还你。校对先生在二校上又一一改正，他们又这样"随意"之后，再马马虎虎打一张清样交还你。所以校对先生"埋头苦干"了三校、四校，还是东一个错，西一个错。真是所谓焦头烂额！有一天《前进》一栏里有一篇文章，校样上缺了许多字，在空字地位填着许多黑而且粗的双杠，第二天早晨原样印出，使人硬着头皮读下去还不懂。该栏编者柳湜先生在《留别南中国朋友》那篇短文里，所谓"错字，缺字，更弄得编者掉泪，作家痛心！"并不是无病呻吟，确能反映我们当时的愤慨心理。《生活日报星期增刊》有一期上登一个启事，劈头是"《生活日报》自二十五年八月一日起，迁移下海"，我们要搬回上海，他们却一定要请你"下海"！

你在香港出版的各日报上，往往可在大标题里面忽然看到镶着一个小小的字体！尤其可笑的是缺少"懂"字，就印上"董"字，下面加个括弧注道："加心旁"；或一时找不着"铲"字，就随便印上"产"字，下面也加个括弧注道："加金旁"，好像什么《十三经注疏》似的！这种独出心裁的新奇花样，确是我们在上海的时候所梦想不到的。你要方头字的地方，他们替你夹入一两个普通铅字；你要用普通铅字的地方，他们却替你夹着一两个方头字进去！

种种尴尬，我们和工头交涉，他总是很慷慨地给我们以空头支票，于是我们不得不和那个公司的经理先生麻烦。我往往在半夜三更或天刚刚亮的时候，打电话去和他噜苏。虽承他很客气地样样答应，但是结果还是一样糟！

我们真弄得没有办法！自己没有印刷机，要调换一家印，根本没有！我们起初也不知道印刷工人们为什么那样不讲理，后来仔细打听，才知道工人们在那样严酷榨取之下，失却他们的理性，却也是可以原谅的。他们每天要做十六七小时的工！每夜要干到深夜四五点钟，第二天早晨十点钟起来，十一点即开工，一两小时后吃午饭，饭后继续干着，下午五点钟晚饭，晚饭后就一直又要干到四点钟。睡的时候就随便七横八竖地躺在铅字架子下面睡，吃的时候也在那里。（每月工资最多的是二十四元。）这样一天到晚，昏天黑地做着苦工，怎怪他们一看见稿件来就要开口骂你几句？你还要讲究这样，改良那样，当然要被他们痛骂一顿。听说那个工头不但擅长于榨取，而且惯于克扣工资，有好几个姘头，还吸上鸦片烟瘾。我们屡次要求这工头改善那些工人的生活，他的坚决的回答是："香港的工人都是这样的！"陶行知先生的《一个地方的印刷工人生活》那首诗，就是听我们谈起这些工人的情形才写的，什么"做了八点钟，再做八点钟。还有八点钟,吃饭,睡觉,撒尿,出恭"。他在这首诗里又说:"机器咚咚咚!耳朵嗡嗡嗡,脑壳轰轰轰。'再拿稿子来,操他的祖宗!'"确是纪实之作。

八 一只大笨牛

我们几于每天要和印刷所争吵,这是在印刷方面出乎我们意料之外的麻烦,大概的情形,我在上次已和诸君谈过了。印刷这件事虽是麻烦,但是经我们继续不断的交涉,不但和工头"锲而不舍"地争吵着,不但时常于半夜三更打电话给印刷所经理先生,闹得他不得好睡,并且由我问清工头,开好排字房的工作时间表,里面载明几点几分钟交什么版的新闻,几点几分钟要排好什么版的新闻,几点几分钟要拼什么版……先给工头亲眼看过,他没有异议后,我便在晚饭后亲自捧着这个时间表到印刷工场里去"坐镇",彻宵不睡地看着他们做。本来他们是很撒烂污,编辑室的稿子尽管送来,他们慢吞吞地像和兔子竞走的龟,随意把多下来的稿子搁在一旁,置之不闻不问之列。我用着蛮干的办法,一看见有一张稿子送来,立刻就查看有没有人排;如果没有人立刻接排,就对工头提出质问,要他重新支配工作;如果人手不够,便立刻和他吵,逼他立刻加入。每次时间表上的时候到了,我便要他交出那个时候应该拼好的那一版;他交不出来,我就跳起脚来和他吵。时间表上所列的时候是根据他嘴里说出来的,他无法抵赖,虽不愿意"仰头乐干",也不得不稍稍"埋头苦干"一下。工人们看着我那样一点不放松地用足劲儿,居然引起他们的笑容和兴趣，增加些他们的效率。"坐镇"到版子铸好上机，然后放心走出印刷所的门口，东方已放射出鱼肚白了。我在筋疲力尽中好像和什么人吵了一夜的架！

这样的印刷所，我想一定打破了世界的纪录！我暗中把它比作一只大笨牛，我们在后边用手推着这只大笨牛走，出了全身的大汗，用尽了全身的力气，用大声呼喊着，力竭声嘶，才把它稍稍推动了一些。也许有人要怪我们自己未免太笨了，既觉得这样一个打破世界纪录的印刷所不行，为什么不调换一个印刷所试试看呢？这话实际等于饥荒劝人吃肉糜！在香港你根本找不到另一家可以替你承印日报的印刷所。香港印刷业的落后，我到香港就调查过，原来知道的，所以我最初并无意在最近期内就开办日报。但是后来听到有个印刷所，从德国买来一架簇簇新的、顶括括的一九三五年式的卷筒印刷机，答应承印我们的报，谁也料不到竟至摇身一变而成了一只大笨牛！其实印刷机的确不坏，毛病全在排字房。这事要根本解决，当然非自办排字房，铲除包工制不可，但是这又是钱的问题。要有个设备比较完善的排字房，非有万金左右的开办费不可，这在我们这穷小子是无法应付的，所以要么立刻关门，要么只得毅然决然硬着头皮负起推牛的任务。

推牛和吹牛不同：吹牛怪容易，推牛却够麻烦。但是麻烦尽管麻烦，总还可以用你的自由意志去推。还有一件困难的事情是我们更无法自主的，那便是在以全国为对象的日报看来，香港的交通实在可说是又一只大笨牛！我们通常知道由香港开上海的邮船，最快的两天可以到；至于航空，却应该更快，由上海飞到广州，由广州经火车到香港，隔天就可以到；这似乎不能不算是相

163

当地快。但是实际情形却没有这样顺利，因为最快的邮船每月只有一两次，其余的船要四五天、五六天，甚至六七天才到。航空的信件吗？屡次在你所收到的信件上印一个蔚蓝色的戳子，上面是"Flight Delayed"（"飞行延搁"），给你一个九天才到！

这种情形，在以西南为对象的港报，还不感到十分困难，横竖它们的销路偏重在西南，它们的新闻也偏重在"粤闻""港闻"；但是《生活日报》是以全国为对象，它的销路是普遍于全国，它的新闻是以整个的中国做出发点，遇着这样的另一只大笨牛，便成了一个大问题。结果，每天在我的办公桌上高高地堆着一大堆由全国各地读者的来信，都说他们很要看我们的报，但是得到太慢了，要我们赶紧想法子。我们能怎样想法子呢？最爽快的法子当然是自买一架飞机，或是自己定造两只邮船！但是这样爽快的法子，在五年十年后的《生活日报》也许可以说出就干，可是在香港贫民窟里办的《生活日报》，这句话仅在嘴上提一提，读者诸位好友们听了，就已经要感觉到我是在发疯！

…………

平心而论，如只想在香港办一个地方的报纸，只想以西南为范围，《生活日报》实在还可以在香港继续办下去；但是我们办《生活日报》是要以全国为对象，而且看到每天堆满桌上的全国各处读者的来信都要求"迁地为良"，歉疚的情绪时刻在我们的脑子里回旋着，同时我们还有扩充股本、增广规模的大计划，于是便毅然决然迁移上海来筹备出版。

我一方面在香港完全以自己筹备的一笔款子试办日报，完全以毫无党派的民众的立场办报，正在排除万难、埋头苦干的时候，一方面却时常听到不可思议的意图中伤的谣言。有的朋友告诉我，有人在造谣，说我得到南京某巨公十万元，以离开上海为条件，于是就把这笔不清白的款子在香港办起报来。又有朋友告诉我，有人在造谣，说我得到西南的钱，替他们办机关报。这绝对冲突的谣言竟同时传到我的耳朵里，真使我觉得好气又好笑。

我在香港所感到的精神上最大的欣慰，是共同努力于报务的几位共患难的朋友始终不灰心，无论环境怎样困难，他们总是鼓着勇气干着。他们的坚毅的精神、赤诚的义气和真挚的友谊，是我所永远不能忘的。我深信我们在这样挣扎苦斗中所获得的极可宝贵的经验，对于将来重振旗鼓的《生活日报》是有很大的裨益的。

附 我的母亲

说起我的母亲，我只知道她是"浙江海宁查氏"，至今不知道她有什么名字！这件小事也可表示今昔时代的不同。现在的女子未出嫁的固然很"勇敢"地公开着她的名字，就是出了嫁的，也一样地公开着她的名字。不久以前，出嫁后的女子还大多数要在自己的姓上面加上丈夫的姓；通常人们的姓名只有三个字，嫁后女子的姓名往往有四个字。在我年幼的时候，知道担任商务印书馆出版的《妇女杂志》笔政的朱胡彬夏，在当时算是有革命性的"前进的"女子了，她反抗了家里替她订的旧式婚姻，以致她的顽固的叔父宣言要用手枪打死她，但是她却仍在"胡"字上面加着一个"朱"字！近来的女子就有很多在嫁后仍只用自己的姓名，不加不减。这意义表示女子渐渐地有着她们自己的独立的地位，不是属于任何人所有的了。但是在我的母亲的时代，不但不能学"朱胡彬夏"的用法，简直根本就好像没有名字！我说"好像"，因为那时的女子也未尝没有名字，但在实际上似乎就用不着。像我的母亲，我听见她的娘家的人们叫她作"十六小姐"，男家大家族里的人们叫她作"十四少奶"，后来我的父亲做了官，人们便叫她作"太太"，她始终没有用她自己名字的机会！我觉得这种情形也可以暗示妇女在封建社会里所处的地位。

我的母亲在我十三岁的时候就去世了。我生的那一年是在九月里生的，她死的那一年是在五月里死的，所以我们母子两人在实际上相聚的时候只有十一年零九个月。我在这篇文里对于母亲的零星追忆，只是这十一年里的前尘影事。

我现在所能记得的最初对于母亲的印象，大约在两三岁的时候。我记得有一天夜里，我独自一人睡在床上，由梦里醒来，蒙眬中睁开眼睛，模糊中看见由垂着的帐门射进来的微微的灯光，在这微微的灯光里瞥见一个青年妇人拉开帐门，微笑着把我抱起来。她嘴里叫我什么，并对我说了什么，现在都记不清了，只记得她把我负在她的背上，跑到一个灯光灿烂人影幢幢往来的大客厅里，走来走去"巡阅"着。大概是元宵吧，这大客厅里除有不少成人谈笑着外，有二三十个孩童提着各色各样的纸灯，里面燃着蜡烛，三五成群地跑着玩。我此时伏在母亲的背上，半醒半睡似的微张着眼看这个，望那个。那时我的父亲还在和祖父同住，过着"少爷"的生活；父亲有十来个弟兄，有好几个都结了婚，所以这大家族里有着这么多的孩子。母亲也做了这大家族里的一分子。她十五岁就出嫁，十六岁那年养我，这个时候才十七八岁。我由现在追想当时伏在她的背上睡眼惺忪所见着她的容态，还感觉到她的活泼的、欢悦的、柔和的、青春的美。我生平所见过的女子中，我的母亲是最美的一个，就是当时伏在母亲背上的我，也能觉到在那个大客厅里许多妇女里面，没有一个及得到母亲的可爱。我现在想来，大概在我睡在房里的时候，母亲看见许多孩子玩灯热闹，便想起了我，也许蹑手蹑脚到我床前看了好几次，见我醒了，便负我出去一饱眼福。这是我对母爱最初的感觉，虽则在当时的幼稚脑袋里当然不知道什么叫作母爱。

后来祖父年老告退，父亲自己带着家眷在福州做候补官。我当时大概有了五六岁，比我小两岁的二弟已生了。家里除父亲、母亲和这个小弟弟外，只有母亲由娘家带来的一个青年女仆，名叫妹仔。"做官"似乎怪好听，但是当时父亲赤手空拳出来做官，家里一贫如洗。我还记得，父亲一天到晚不在家里，大概是到"官场"里"应酬"去了，家里没有米下锅；妹仔替我们到附近施米给穷人的一个大庙里去领"仓米"，要先在庙前人山人海里面拥挤着领到竹签，然后拿着竹签再从挤得水泄不通的人群中，带着粗布袋挤到里面去领米；母亲在家里横抱着哭泣着的二弟踱来踱去，我在旁坐在一只小椅上呆呆地望着母亲，当时不知道这就是穷的景象，只诧异着母亲的脸何以那样苍白，她那样静寂无语地好像有着满腔无处诉的心事。妹仔和母亲非常亲热，她们竟好像母女，共患难，直到母亲病得将死的时候，她还是不肯离开她，以孝女自居，寝食俱废地照顾着母亲。

母亲喜欢看小说，那些旧小说，她常常把所看的内容讲给妹仔听。她讲得娓娓动听，妹仔听着忽而笑容满面，忽而愁眉双锁。章回的长篇小说一下讲不完，妹仔就很不耐地等着母亲再看下去，看后再讲给她听。往往讲到孤女患难，或义妇含冤的凄惨的情形，她两人便都热泪盈眶，泪珠尽往颊上涌流着。那时的我立在旁边瞧着，莫名其妙，心里不明白她们为什么那样无缘无故地挥泪痛哭一顿，和在上面看到穷的景象一样地不明白其所以然。现在想来，才感觉到母亲的情感的丰富，并觉得她的讲故事能那样地感动着妹仔，如果母亲生在现在，有机会把自己造成一个教员，必可成为一个循循善诱的良师。

我六岁的时候，由父亲自己为我"发蒙"，读的是《三字经》，第一天上的课是"人之初，性本善；性相近，习相远"。一点儿莫名其妙！一个人坐在一个小客厅的炕床上"朗诵"了半天，苦不堪言！母亲觉得非请一位"西席"老夫子不能教好，所以家里虽一贫如洗，情愿节衣缩食，把省下的钱请一位老夫子。说来可笑，第一个请来的这位老夫子，每月束脩只须四块大洋（当然供膳宿），虽则这四块大洋，在母亲已是一件很费筹措的事情。我到十岁的时候，读的是"孟子见梁惠王"，教师的每月束脩已加到十二元，算增加了三倍。到年底的时候，父亲要"清算"我平日的功课。在夜里亲自听我背书，很严厉，桌上放着一根两指阔的竹板。我的背向着他立着背书，背不出的时候，他提一个字，就叫我回转身来把手掌展放在桌上，他拿起这根竹板很重地打下来。我吃了这一下苦头，痛是血肉的身体所无法避免的感觉，当然失声地哭了，但是还要忍住哭，回过身去再背。不幸又有一处中断，背不下去；经他再提一字，再打一下。呜呜咽咽地背着那位前世冤家的"见梁惠王"的"孟子"！我自己呜咽着背，同时听得见坐在旁边缝纫着的母亲也唏唏嘘嘘地泪如泉涌地哭着。我心里知道她见我被打，她也觉得好像刺心的痛苦，和我表着十二分的同情，但她却时时从呜咽着的、断断续续的声音里勉强说着"打得好"！她的饮泣吞声，为的是爱她的儿子；勉强硬着头皮说声"打得好"，为的是希望她的儿子上进。由现在看来，这样的教育方法真是野蛮之至！但是我不敢怪我的母亲，因为那个时候就只有这样野蛮的教育法；如今想起母亲见我被打，陪着我一同哭，那样的母爱，仍然使我感念着我的慈爱的母亲。背完了半本"梁惠王"，右手掌打得发肿有半寸高，偷向灯光中一照，通亮，好像满肚子装着已成熟的丝的蚕身一样。母亲含着泪抱我上床，轻轻把被窝盖上，向我额上吻了几吻。

当我八岁的时候，二弟六岁，还有一个妹妹三岁。三个人的衣服鞋袜，没有一件不是母亲自己做的。她还时常收到一些外面的女红来做，所以很忙。我在七八岁时，看见母亲那样辛苦，心里已知道感觉不安。记得有一个夏天的深夜，我忽然从睡梦中醒了起来，因为我的床背就紧接着母亲的床背，所以从帐里望得见母亲独自一人在灯下做鞋底，我心里又想起母亲的劳苦，辗转反侧睡不着，很想起来陪陪母亲。但是小孩子深夜不好好地睡，是要受到大人的责备的，就说是要起来陪陪母亲，一定也要被申斥几句，万不会被准许的（这至少是当时我的心理），于是想出一个借口来试试看，便叫声母亲，说太热睡不着，要起来坐一会儿。出乎我意料之外的，母亲居然许我起来坐在她的身边。我眼巴巴地望着她额上的汗珠往下流，手上一针不停地做着布鞋——做给我穿的。这时万籁俱寂，只听到嘀嗒的钟声和可以微闻得到的母亲的呼吸。我心里暗自想念着,为着我要穿鞋,累母亲深夜工作不休,心上感到说不出的歉疚,又感到坐着陪陪母亲,似乎可以减轻些心里的不安成分。当时一肚子里充满着这些心事,却不敢对母亲说出一句。才坐了一会儿,又被母亲赶上床去睡觉,她说小孩子不好好地睡,起来干什么!现在我的母亲不在了,她始终不知道她这个小儿子心里有过这样的一段不敢说出的心理状态。

母亲死的时候才二十九岁,留下了三男三女。在临终的那一夜,她神志非常清楚,忍泪叫着一个一个子女嘱咐一番。她临去最舍不得的就是她这一群的子女。

我的母亲只是一个平凡的母亲,但是我觉得她的可爱的性格,她的努力的精神,她的能干的才具,都埋没在封建社会的一个家族里,都葬送在没有什么意义的事务上,否则她一定可以成为社会上一个更有贡献的分子。我也觉得,像我的母亲这样被埋没葬送掉的女子不知有多少!

一九三六年一月十日深夜

第二辑 西行杂谈

船上的民族意识

记者前天（二十一日）上午写《到新加坡》那篇通讯时，不是一开始就说了一段风平浪静的境界吗？昨天起开始渡过印度洋，风浪大起来了，船身好像一蹲一纵地向前迈进，坐在吸烟室里就好像天翻地覆似的，忍不住了，跑到甲板上躺在藤椅里不敢动，一上一下地好像腾云驾雾，头部脑部都在作怪。昨天全日只吃了面包半块，做了一天的废人，苦不堪言。今天上午风浪仍大，中午好了一些，我勉强吃了一部分的中餐，下午吸烟室里仍不能坐。写此文的时候，是靠在甲板上的藤椅里，把皮包放在腿上当桌子用，在狂涛怒浪中缓缓地写着，因明日到科伦坡待寄，而且听说地中海的风浪还要大，也许到那时，通讯不得不暂搁一下。

船自新加坡开行后，搭客中的中国人就只剩了七个。黑色的朋友（印度人）上来了十几个，他们里面的妇女们手上戴了许多金镯，身上挂了不少金链，还要在鼻孔外面的凹处嵌上一粒金制的装饰品。此外都是黄毛的碧眼儿。有一个嫁给中国人的荷兰女子，对于中国人表示特别好感，特别喜欢和中国人攀谈。

同行中有一位李君自己带有一个帆布的靠椅，预备在甲板上自己用的，椅上用墨写明了他的中西文的姓名以作标志。前天下午他好端端地、舒舒服服地躺在上面，忽然来个大块头外国老太婆，一定要把他赶开，说这个椅是她的。李君把椅上写明的姓名给她看，她不肯服，说他偷了她的椅子，有意写上自己的姓名！于是引起几个中国人的公愤，我们里面有位甲君（代用的）尤其愤激，说："中国人都是做贼的吗？这样地欺侮中国人，我们都不必在国外做人了！这还了得！"我看他那一副握拳擦掌切齿怒目的神气，好像就要打人似的。还有一位乙君持极端相反的意见，他说："中国人出门就准备着吃亏的。"又说："自己不行（指中国），有何话说！"他主张不必认真计较。当时我刚在吸烟室里写文章，他们都仓皇地跑进来告诉我，我说老太婆如不讲理，可将情形告诉船上的管事人，倘若她自己也带了一张椅子，因找不到而误认的话，可叫管事人替她找出来，便明白了。后来果然找到了她自己的椅子，对李君道歉，而且觉得很难为情。听说她原有几分神经病，甲君仍怒不可遏，说不管有没有神经病，总是欺侮中国人，于是他仍旧狠狠地热血沸腾地对着这个老太婆加了一番教训，并在背后愤愤地大说乙君的闲话。

　　中国人到国外易于被人凌辱，却是一件无可为讳的事实。理由很简单，无非是国内军阀官僚们闹得太不像样，国际上处处给人轻视，不但大事吃亏，就是关于在国外的个人的琐屑小事，也不免受到影响。例如船上备有浴室，如遇着是中国人正在里面洗浴，来了一个也要洗浴的西人，往往打门很急，逼着速让，那种无理取闹的举动，虽限于少数的"死硬"派，无非含有轻视中国人的意味。

　　不过有的时候也有自己错了而出于神经过敏的地方。此次同行中有一位"同胞"（赴外国经商的）说话的声音特别地响亮，极平常的话，他都要于大庭广众前大声疾呼。除登台演说外，和一两人或少数人谈话原不必那样卖力，但是这位仁兄不知怎样成了习惯，不开口则已，一开口就非雷鸣不可。这当然易于惹人厌恶，我曾于无人处很和婉地提醒他，请他注意，他"愿安承教"了，但过了一天，故态复萌，有一夜他在房里又哗啦哗啦起来，被对房睡了觉爬起来的一个德国人跑过来办交涉，他事后愤然地说，在自己房里说说话有什么犯法，他觉得这又是选定中国人欺侮了！

自"九一八"中国暴露了许多逃官逃将以来，虽有马占山部及十九路军的昙花一现的暂时的振作，西报上遇有关于中国的漫画，不是画着一个颠顸大汉匍匐呻吟于雄赳赳的日军阀枪刺之下，便是画着前面有一个拖着辫子的中国人拼命狂奔，后面一个日本兵拿着枪大踏步赶着，这样的印象，怎能引起什么人的敬重？至于外国人中的"死硬"派，那更不消说了。这都是"和外"的妙策遗下的好现象！

到国外每遇着侨胞谈话，他们深痛于祖国的不振作，在外随时随地受着他族的凌辱蹂躏，呼吁无门，所表示的民族意识也特别地坚强，就是屡在国外旅行的雷宾南先生，此次在船上的时候和记者长谈，也对此点再三地注意，可见他所受到的刺激也是很深刻的。我说各殖民地的民族革命，也是促成帝国主义加速崩溃的一件事，不过一个民族中的帝国主义的附属物不铲除，为虎作伥者肆无忌惮，民族解放又何从说起呢？这却成为一个先决问题了。

一九三三年七月二十三日，佛尔第号船上，自科伦坡发

海上拾零

记者自七月十四日上船迄今两星期了,在这汪洋大海的孤舟上,对于国内时事消息完全隔离,直等于一个瞎子或聋子。同行中有某君说过几句颇妙的话,他说出国旅行于健康上很有好处,这句话听去似很平常,但是他再解释下去的话却颇特别,他说在国内最损害健康的事情莫过于每天的看报!所看到的关于国事的种种新闻,无论是关于外交,或是关于内政,总是使你看了不免"发昏章第十一";如在饭后看了,便有害于你的消化,如在睡前看了,往往使你发生失眠症,这都和你的健康有害;出国之后,好了,什么都不看见,什么都不知道,吃饭也容易消化,睡觉也容易舒畅。这位朋友从前是到过外国留学的,他说在外国看报,最怕的是看到关于中国的新闻,因为偶而遇着,不是某军阀和某军阀又打起仗来了,便是什么地方又发生了绑票案子,使你看着白白地生了一顿气,别无结果。某君的这些话似乎都能言之成理,照他这样说,记者现在是再快乐没有的了。但事实上却不然,因为你尽管耳不闻目不见,糟糕的国事和凄惨状况仍然存在,并不因此而消灭,而且一出国门,置身异地,夹在别国人里面，想念到自己国内的乌烟瘴气，所感到的苦痛只有愈益深刻。所以在途中所感到的苦闷，和在国内每日看着怄气的报纸并没有两样。

　　船将要离开孟买的时候，发生了一件气人的事情。船停泊在码头，时有印人拿着一大堆西文的各种杂志到船上兜售。我正坐在甲板上一个藤椅里静悄悄地闲看着，忽然从吸烟室里走出一对英籍夫妇，后面跟着他们的一个十六七岁袒胸露臂的女儿。那个英国妇人气愤地询问着谁曾看见一个售卖画报的印度人，说他曾在船上无人处碰了她的女儿；正在这个当儿，刚巧有一个售画报的印度人走过，便被那英国人不管三七二十一，举起手就打，那印度人抱头而逃。其实上船售卖画报的印度人有好几个，挨打的是否就是"碰"的那一个，就是"碰"了，是怎样"碰"的，是否出于有意，都不可知，只因为他既不抵抗，只知道逃，也就稳得了他的罪名了！

　　二等舱中有叶葆亨君，福建莆田人，系爪哇侨商，亲送他的一个十八岁的儿子赴德学习化学工程和一个十九岁的女儿赴德学习医科，听说记者也在船上，特来晤谈。据说爪哇大宗商业都在华侨掌握中，对祖国原极热心，淞沪抗日之战，以三十万人侨胞所在的爪哇一处，捐款达八百余万元，其踊跃输捐，可以想见，但现在侨胞对国事却已觉得心灰意冷了！

　　叶君对国内的教育，尤为沉痛地批评，他说荷兰人对于青年的科学知识，异常认真，尤其是算学、理化等科，教授非常严格，在小学中对这类基本自然科学还没有充分合格，即不许入中学，中学升大学亦然。他去年回福州一趟，见号称大学的某校，其所用课本的程度仅及荷人所办的初中，如此徒骛虚名，不求实际，他叹为徒然误人子弟。叶君所慨叹的事实，记者虽不知其详，但我国教育之徒骛表面，关于基本知识之马虎，使学者缺乏缜密切实的科学训练，实属无可为讳的现象。不过记者老实告诉他，这也不是局部的问题。现在的国事弄得这样糟，青年们触目惊心，时时受到悲痛的刺激，怎样能使他们安心于什么实学？其次，在现在的状况下，就是有了真才实学，用到什么地方去？有哪一件真属建设的事业容纳得了若干人才？况且封建势力的遗毒弥漫于各处——尤其是和政治有多少牵连的事业，有了狐亲狗戚的靠山，阿猫阿狗都得弹冠相庆，否则什么都无从说起！实际的环境如此，要想用空言劝告青年如此这般，岂不等于石沉大海，于事实上哪有丝毫的效用？

同行中有位出声如雷鸣的旅伴，记者曾在通讯里提过他，因为关于他的故事不无幽默的意味，所以还是把他当作无名姓妥当。这位"雷鸣"先生，在漫漫长途中倒供给我们以不少的有趣的谈资。他除有"大太太"外，还有一位"二太太"，他的"大太太"，听他的口气，大概是个土佬儿，"二太太"却是个千娇百媚的女学生，因留在家里，使他怀念不置，动不动就想到"二太太"，大家也常常提起"二太太"和他说笑。这里却有个小小的难题，他的"大太太"无论如何不愿正式离婚，此事未办妥，"二太太"总觉得在名义上不称心，于是这位"雷鸣"先生天天感到心神不宁，三番五次地和我商量，一定要我替他想个办法。我说依现行法律，女子一嫁就有法律上的保障，除她和你同意办到协议离婚外，你倘无法律上认可的充分理由，实想不出什么办法。他气极了,悻悻地说:"好!我就算多养一只狗就是了!"他这句话虽近乎戏语,但却使我得到一个很深的感触,就是呆板的法律所能为妇女——在经济上不能自立的妇女——保障的,至多是物质生活的勉强维持,无法救济精神上的裂痕。

七月三十一日上午,佛尔第号船上,八月三日到苏彝士付寄

笔尖斗士：邹韬奋自述

月下中流——经苏彝士河

我们原定办法，由意轮船公司招待搭客往埃及首都开罗游览，愿去的每人缴费六镑半，汽车、火车及午晚餐食等在内，三日上午由苏彝士城出发，可于当晚十点钟到塞得港（Port Said）上原船继续前行。六镑半合华币在百元左右，为数不能算小，但同行的好几位都觉得机会难得，不愿错过；我也觉得在小学时读历史，就看到书本上画着埃及金字塔和人首狮身"Sphinx"的像，虽行囊悭涩，到此也硬着头皮随众报名缴费。满心以为四千年的胜迹即在目前，不料二日下午得到取消的消息，虽省了百元，却感到无限的失望和惆怅，也许此生就永远没有第二次的机会，因为我回国时想走陆路。

八月三日下午六点钟，船到苏彝士城，仅停一小时，不靠岸，有几只送客登轮的小火轮和几只小船泊在佛尔第号的船旁，十几个阿拉伯人爬上来兜售报纸、画片及其他杂物，搭客都拥聚在甲板上购买，我也买了两打关于开罗名胜及苏彝士河的景物相片，寄给本刊。

记者此次虽很失望地未曾到开罗去游览，但三日夜里经过苏彝士河的情形，却给我以悠然意远的印象。此时一轮明月高悬，蔚蓝的青天净洁得没有丝毫的渣滓，清风吹来，爽人心脾，搭客们多聚在船头特高的甲板上远瞩纵览。只见船的两边都是一望无际的沙漠，右为亚洲，左为非洲，离船大都不过十几呎或几呎。船头前排着两盏好像巨眼的大电灯，射出耀目的光线，使前面若干距离内的河身好像一片晶莹洁白的玉田。在狭隘的运河中特别显得庞大的船身徐徐地向前移进，假如不看前面而仅望左右，又恍若一辆奇大无比的汽车在广阔无垠的沙漠上缓缓前驶似的。这夜记者在甲板上凭栏静眺，直看到十二点钟，才进到卧室里去睡觉，在睡梦中还好像明月清风，随我左右。

沟通红海和地中海，缩短欧亚海行路线的这条苏彝士运河，经法人勒赛普斯（Ferdinand de Lesseps）和无数工人十四年的辛勤劳力，中间战胜过无数次的破坏和种种困难，才于一八六九年十一月十七日正式开幕，距记者于月夜静寂中通过此河的今日，已六十四年了。这条运河长八十八里，阔从一百码至一百七十五码，原来估价需二万万法郎，后来用到四万万法郎，约等于一千四百万金镑，合现价在二万万圆以上了。一半资本在法国募得，其他一半几乎为当时埃及总督塞氏（Mohammed Said）所买，后来他把股子卖给英国政府，于是英政府在管理上便握有大权了（当时塞氏赞助勒赛普斯的计划甚力，现在苏彝士河尽头的塞得港，意即"塞氏港"，就是为纪念他而取名的）。

说到起意要建造苏彝士运河的，颇有趣的是要轮到法国一世之雄的拿破仑。他在一七九八年进攻埃及时，忽想到要造一条运河通红海，便任命一个工程师名叫勒伯尔（Monsieur Lepere）的视察并报告研究的结果。这个工程师奉命执行了，他的报告虽承认这个计划有种种的利益，但是宣言红海和地中海的水面不平等，要在地中海沿岸筑海港是一件不可能的事情，于是作罢。不料这就隐隐中种了今日苏彝士河的种子。在此三十七年后（一八三六年）勒赛普斯被任为亚历山大的代理领事，到该埠时，所乘的船因查疫停顿，搭客不得即行上岸，他于无聊中展阅朋友送给他的几本书，里面有一本是勒伯尔的笔记，竟引起他对建造这条运河的浓厚兴趣，终靠他百折不回的努力，造成在亚欧航行上开辟新纪元的苏彝士运河。

八月四日晨走完了苏彝士河而达到塞得港。有半天的停泊，虽不靠岸，但意轮公司有小火轮运送搭客上岸及回船，也很便利。记者便和同行的张、周、郭、李诸君同上岸一游。道路很平坦广阔，房屋虽属洋房式子，而且一来就是五六层，但在前面总是用木料造成突出的一部分，好像露台似的，围满着各种花样的窗户。街上遇着的都是穿着长袍戴着和土耳其人一样的帽子的男子，妇女除极少数穿西装的以外，大多数是头披黑纱，鼻以下部分也用黑纱围着，额前还挂着一个黄色木制像小塔的装饰品垂到鼻上。这也可见该处妇女解放还在什么程度了。

我们参观了一个回教教堂，里面地上用草席铺着，正殿用绒毯铺着地，到门口时须在鞋上套着草包似的套鞋，才得进去。听说一般人民每天须到各教堂洗手洗脚祷告五次。该教堂里有个引导参观的人，对我们大讲教义，引到里面一个狭弄里的时候，向我们要钱，给一个先令，不肯休，加一个，才了事。我们都觉得虽听他讲了一些教义，却被他敲了一个竹杠！在教堂里最注目的，是那班祷告者跪在地上高举两手，用足劲儿向下拜的那副神气。我们出门时望望脚上所套着的那双草包式的套鞋，倒也觉得奇特，便用所带的摄影机拍了两张照。

我们五个人共乘着一辆马车，做了一番马路巡阅使（塞得港满街马车，汽车极少）。其实塞得港没有什么名胜可看，原也只有条街市供游客兜几个圈子。此外还值得一记的有两件东西：一个是巍然屹立河边的勒赛普斯的铜像，连座共高五十七呎；一个是一百八十四呎高的石造灯塔，夜里每十秒钟显露强烈白光一次，在海上二十哩距离以内都看得见。

一九三三年八月五日，上午，佛尔第号船上

▶笔尖斗士：邹韬奋自述 »»

海程结束

今天（八月六日）下午两点钟，佛尔第号可到意大利的布林的西（Brindisi），算是到了意大利的第一商埠，明天中午可到该国名城威尼斯（Venice），那时记者离船上岸，此次近三万里的海程便告一结束了。佛尔第号定于八月十二日由意开行，九月五日可到上海，记者的这篇通讯刚巧可由这同一的船寄至上海，这也是最迅速的一法。记者此次乘这只船出去，《海程结束》的这篇通讯又可乘这只船回来，可说是无意中的怪有趣的凑巧。

在这将要离船的前一天，我想把在船上的零星观感随便地提来谈谈。

记者过印度洋和阿拉伯海时，因遇着飓风，吃了几天大苦头，像生了病一样，对什么都兴味索然。自从八月一日以来，尤其是昨今两天，气候温和，日霁风清，船身平稳，我的脑部治安完全恢复，又活动起来了，对船上的各种人、各种事物，冷眼旁观，也饶有趣味。船每到一埠，便有一批人离船登岸，同时又有一批人上来，好像实验室里用完了一批材料，时时有新材料加入供你放在显微镜下看看，或试验管里试试。

在船上可供你视察的,有各国各种人同时"陈列"着任你观看。记者此次所遇着的除几个同国人外,有意大利人、德国人、英国人、美国人、法国人、奥国人、荷兰人、比利时人、印度人,乃至爪哇人、马来人等等(不过日本人一个都没有,有人说他们非本国的船不坐)。架子最大、神气最足的要推英国人,他们最沉默、最富有不睬人的态度,无论是一个或是几个英国人坐在一处,使你一望就知道他们是"大英帝国的大国民"!最会敷衍的要算美国人,总是嬉皮笑脸,充满着幽默的态度。大概说起来,各国或各民族的人,或坐谈,或用膳,都喜与本国或本种人在一起,这也许是由于语言风俗习惯的关系。在孟买下船后,来了几十个印度籍的男女,大多数是天主教中人,赴罗马朝见教皇去的。他们很少和西人聚谈,有一边的甲板上全被他们坐满了,看过去就好像是印度区似的。里面有好几个"知识分子",对记者谈起被压迫民族的苦痛,都很沉痛,每每这样说道:"我们是在同样的政治的船上啊!"(他们都是用英文和记者谈,原句是:"We are in the same political boat!")中国在实际上不是帝国主义的殖民地吗?所以记者对他们这句话只有悲慨,没有什么反感。

谈起船上的印度人,还有一件似乎小事而实含有重要意义的事情。在二等舱里有三四个印度搭客(记者所乘的是"经济二等",略等于他船的三等,这是非正式的二等),都是在印度的大学毕业,往英国去留学的,有的是去学医,有的是去学教育。他们里面有一个在浴室里洗浴刚才完了时,有一个英人搭客跑进来,满脸的不高兴,对着浴盆当面揶揄着说道:"牛肉茶!"

（Beef-tea！）意思是讥诮印人的龌龊，其实就是存心侮蔑他。从此这几个印人都不愿到浴室里去，但他们"饮泣吞声"的苦味可以想见了！

据记者观察所得，大概在东方有殖民地的西人，尤其是亲身到过他们在东方殖民地的西人，对东方民族贱视得愈显露。他们大概还把自己看作天人，把殖民地的土人看作蝼蚁还不如！船上有一个在印度住了二十几年的英国工程师，和记者有过一次谈话，便把印度人臭骂得一钱不值。

有从爪哇赴欧的华侨某君，谈及爪哇情形颇详。爪哇荷人约二十万人，华侨约三十万人，土人有三千五百万人，最有意思的是他说住在阔绰旅馆的荷人，每人每日生活费需二十五盾（每盾合华币二圆），而土人每日每人的生活费只需一角（十角一盾），这一个荷人一日的生活费竟等于二百五十个土人一日的生活费了！又据说该地政府对于人口检查最严的是知识分子和书籍，如果你是个什么大学毕业生，那就必须关在拘留所里经过一番详慎的审问查究，尤其怕得厉害的是××主义，因为三千五百万的土人如受了煽动，起来反抗，那还了得！他说最好你什么书都不带，只带一本《圣经》，那就很受欢迎！这位侨胞自称是个教徒，他这句话大概是含有赞美《圣经》的意味，但在我们看来，对于这样独受特别欢迎的《圣经》就不免感慨无穷了！

八月四日下午船由塞得港开行后，忽然增加了五百左右的男女青年，年龄自八岁至二十岁，女子约占两百人，男女分开两部分安顿。青年总是活动的，在甲板上叫嚣奔跑，成群结队地乱闯着，好像无数的老鼠在"造反"，又好像泥堆上的无数蝼蚁在奔走汹涌着。原来他们都是在埃及的各学校里的意大利青年，是法西斯的青年党员，同往罗马去参加该党十周年纪念的。男的都穿着黑衫，女的只穿白衫黑裙。这班男女青年的体格，大概都很健康，一队一队女的，胸部都有充分发达的表现，不像我国女子还多是一块板壁似的，不过说到他们的真实信仰，却不敢说。记者曾就他们里面选几个年龄较大的男青年谈谈，有的懂法文，有的懂英文，问他们是不是法西斯党员，答说是；问他们什么是法西斯主义，答不出；不过他们都知道说墨索里尼伟大，问他们为什么伟大，也答不出；只有一个答说，因为只有墨索里尼能使意大利富强；我再问他为什么，又答不出！其实法西斯主义究竟是什么，就是它的老祖宗墨索里尼自己也不很了解，不能怪这班天真烂漫的青年。

一九三三年八月六日，上午，佛尔第号船上，七日到威尼斯付邮

威尼斯

八月六日下午四点钟佛尔第号到意大利的东南海港布林的西,这算是记者和欧洲的最初的晤面。该埠不过因水深可泊巨轮,没有什么胜迹可看,船停仅两小时,记者和几位同行的朋友却也上岸跑了不少的路。像样的街道只有一条,其余的多是小弄,在海边上虽正在建筑一个高大的纪念塔,但我们在街上所见的一般普通人民多衣服褴褛,差不多找不出一条端正的领带来。我们穿过好几处小弄,穷相更甚。有好几处门口坐着一个老太婆,门内挂着花布的帘子,时有少妇半裸着上身探首帘外向客微笑,或曼声高唱。她们用意所在,我们大概都可以猜到。

八月七日下午到世界名城之一的威尼斯。同行中有李汝亮君和郭汝楠君(都是广州人)赴德留学,李君的哥哥李汝昭君原已在德国学医,特乘暑假到威尼斯来接他的弟弟和他的老友郭君,并陪他们游历意大利。记者原也有游历意大利重要各地的意思,便和他们结作旅伴,同行中赴德学医的周洪熙君(江苏东台人)听说在八月底以前,意大利在罗马举行法西斯十周年纪念展览会三个月,火车费可打三折,也欣然加入,于是我们这五个人便临时成了一个小小的旅行团。到威尼斯时，李汝昭君已在码头相迎，我们便各人提着一个手提的小衣箱上岸，介绍之后，才知道李君的哥哥也是本刊的一位热心读者，这个小小的旅行团也可以说是一小部分的"《生活》读者旅行团"了。我们先往一个旅馆里去过夜，两李一郭住一个房间，记者同周君住一个房间，第一天便开始游览。有伴旅行，比单独一人旅行，至少可多两种优点：一是费用可以比较地经济；二是兴味也可以比较地浓厚。

在太平洋未取地中海的势力而代之的时候，威尼斯实为东西商业贸易上最重要的一个城市，在世界史上出过很大的风头，现在是意国的一个重要的商埠和海军军港，在港口禁止旅客摄影，同时也是欧美旅客麇集之地。该城不大，约二十五哩长，九哩宽。第一特点是河流之多，除少数的几条街道外，简直就把河当作街道，两旁房屋的门口就是河，仿佛像涨了大水似的。我国的苏州的河流也特多，有人把我国的苏州来比威尼斯，其实苏州的河流虽多，还不是一出门口就是河。以这小小的威尼斯，除有一条两百呎左右阔的大运河（Canal Grande），像S字形似的贯穿全城外，布满全城的还有一百五十条小运河，上面架着三百七十八条桥（大多数是石造的，下有圆门），我觉得这个城简直就可称为"水城"。除附近的一个小岛利都（Lido）上面有电车外，全城没有一辆任何形式的车子，只有小艇和公共汽船；小艇好像端午节的龙船，两头向上翘，不过没有那样长，里面有漆布的软垫椅，可坐四个人至六个人，船后有一个摇桨，在水上来来去去，就好像陆地上的马车。公共汽船的外形也好像上海马路上的电车或公共汽车，船上的喇叭声和上海的公共汽车的喇叭声一样。我们在画片上所见的威尼斯的景象，往往是两旁洋房夹着一条运河，上面驾着一条圆门的桥，河上一个小艇在荡漾着，这确是威尼斯很普遍的景象。

除许多运河外，有若干街道都是用长方形的石头铺成的，有的只有五呎宽，路倒铺得很平，因为没有任何车辆，所以石头也不易损坏，在这样的街道上接踵摩肩的男男女女，就只有两脚车——步行——可用。街道虽窄，两旁装着大玻璃窗的种种商店却很整洁。街上行人衣冠整洁的很多，和布林的西的很不同。原来大多数都是由欧美各国来的游客，尤其多的是来自号称"金圆国"的阔佬。

威尼斯最使游客留恋的是圣马可广场（Piazza San Marco）和该场附近的宏丽的建筑物。该广场全系长方形的平滑的石头铺成的，有的地方用大理石，长有一百九十二码，阔自六十一码至九十码，三面都有雄伟的皇宫包围着，最下层都开满了咖啡店和各种商店，东边巍然屹立着圣马可大教堂（San Marco），内外只大理石的石柱就有五百余根之多，建于第九世纪。该广场上夜里电灯辉煌，胜于白昼，游客成群结队，热闹异常。在圣马可广场附近的有大侯宫（Palazzo Ducale）一座，亦建于第九世纪。宫前有大广场，宫的对面咖啡馆把藤制的椅桌数百只排在沿路，坐着观览的游客无数。圣马可大教堂的右边有圣马可钟楼（Campanile di San Marco），三百二十五呎高，建于第九世纪末年。里面设有电梯，登高一望，全城如在脚下。此外还到威尼斯城的东南一小岛名利都的看了一番，该处有世界著名的游泳场。游泳场后面的花草布置得非常美丽，游泳而出，在街上走的男女很多，女子多穿着大裤管的裤子，上面穿着薄的衬衫，有的就只挂着一条这样的大裤子，上半身除挂裤的两条带子外，就老实赤膊，在街道上大摇大摆着，看上去好像她这条裤子都是很勉强挂着似的！

自然，这班男女并不是一般意大利人民，多是本国和欧美各国的少数特权阶级，只有他们才有享用这样生活的可能。该处既为有闲阶级而设，讲究的餐馆和旅馆的设备齐全，都是不消说的。

威尼斯的景物美吧？美！记者在下篇所要记的佛罗伦萨也有它的美，但这是意大利五六百年乃至千余年前遗下的古董，我们还不能由此看出该国有何新的建设成绩。我们在许多人赞美不置的威尼斯，关于大多数穷人的区域，也看了一番，和在布林的西所见的也没有什么两样。记者于九日就离开威尼斯而到佛罗伦萨去。

一九三三年八月十一日，上午，在罗马记

笔尖斗士：邹韬奋自述

世界公园的瑞士

记者此次到欧洲去，原是抱着学习或观察的态度，并不含有娱乐的雅兴，所以号称世界公园的瑞士，本不是我所注意的国家，但为路途经过之便，也到过该国的五个地方，在青山碧湖的环境中，惊叹"世界公园"之名不虚传。因为全瑞士都是在翠绿中，除了房屋和石地外，全瑞士没有一亩地不是绿草如茵的，平常的城市是一个或几个公园，瑞士全国便是一个公园；就是树荫和花草所陪衬烘托着的房屋，他们也喜欢在墙角和窗上栽着或排着艳花绿草，房屋都是巧小玲珑、雅洁簇新的（因为人民自己时常油漆粉刷的，农村中的房屋也都如此）。墙色有绿的，有黄的，有青的，有紫的，隐约显露于树草花丛间，真是一幅美妙绝伦的图画！

记者于八月十七日下午十二点离开意大利的米兰，两点钟到了瑞士的齐亚索，便算进了"世界公园"的境地。由此处起，便全是用着电气的火车（瑞士全国都用电气火车，非常洁净），在火车上遇着的乘客也和在意大利境内所看见的"马虎"的朋友们不同，衣服都特别地整洁，精神也特别地抖擞，就是火车上的售卖员的衣冠态度也和"马虎"派的迥异,这种划若鸿沟的现象,很令冷眼旁观的人感到惊讶。

由此乘火车经过阿尔卑斯山(Alps)下的世界有名的第二山洞(此为火车经过的山洞,工程艰难和山洞之长,列世界第二),气候便好像由燥热的夏季立刻变为阴凉的秋天。在意大利火车中所见的东一块荒地西一块荒地的景况,至此则两旁都密布着修得异常整齐的绿坡,赏心悦目,突入另一种境界了。所经各处,常在海平线三四十呎以上,空气的清新固无足怪,还观积雪绕云的阿尔卑斯山的山峰矗立,俯瞰平滑如镜的湖面映着青翠欲滴的山景,无论何人看了,都要感觉到心醉的。我们到了琉森湖(Lake of Lucerne)的开头处的小埠佛露哀伦(Fluelen),已在下午五点多钟,因打算第二天早晨弃火车而乘该处特备的小轮渡湖(需三小时才渡到琉森城,即该湖的一尽头),所以特在湖滨的一个旅馆里歇息了一夜。这个旅馆开窗见湖面山,设备得雅洁极了,但旅客却寥若晨星,大概也受了世界经济恐慌的波及。

这段路本来可乘火车,但要游湖的,也可以用所买的火车连票,乘船渡湖,不过买火车票时须声明罢了。我们于十八日上午九时左右依计划离佛露哀伦,乘船渡湖。这轮船颇大,是专备湖里用的,设备很整洁,船面上一列一列地排了许多椅子备旅客坐。我们在船上遇着二三十个男女青年,自十二三岁至十七八岁,由一个教师领导,大家背后都背着黄色帆布制的行囊,用皮带缚到胸前,手上都拿着一根手杖,这一班健美快乐的孩子,真令人爱慕不置!他们乘一小段的水路后,便又在一个码头上岸去,大概又去爬山了。最可笑的是那位领导的教员谈话的声音姿态，完全像在课堂上教书的神气，又有些像演说的口气和态度，大概是他在课堂上养成的习惯。在沿途各站（在湖旁岸上沿途设有船站，也可说是码头），设备也很讲究，上船的游客渐多，大都是成双或带有幼年子女而来的。有三个五十来岁发已斑白的老妇人，也结队而来，背上也负着行囊，手上也拿着手杖，有两个眼上架着老花眼镜，有一个还拿着地图口讲指划，兴致不浅。这也可看出西人个人主义的极致，这类老太婆也许有她们的子女，但年纪大了各走各的路，和中国的家族主义迥异，所以老太婆和老太婆便结了伴。这种现象，我后来越看越多了。

　　船上有一老者又把我们当作日本人，他大概是有搜集各种邮票的嗜好，问我们有没有日本的邮票，结果他当然大失所望！

　　我们当天十二点三刻就乘船到了琉森城，这是瑞士琉森邦（瑞士系联邦制，有二十二邦）的最为游客所常到的一个城市，在以美丽著名的琉森湖的末端。我们上岸略事游览，即于下午四点钟乘火车往瑞士苏黎世邦的最大的一个城市（也名苏黎世，人口二十万余人），一小时左右即到。该城丝的出产仅次于法国的里昂，布匹和机械的生产很盛，是瑞士的主要的经济中心地点，同时也是由法国到东欧及由德国和北欧往意大利的交通要道。该处有苏黎世湖，我们到后仅能于晚间在湖滨略为赏鉴，于第二日早晨，我们这五个人的小小旅行团便分散，除记者外，他们都到德国去。记者便独自一人，于上午十点零四分，提着一个衣箱和一个小皮包，乘火车向瑞士的首都伯尔尼进发，下午一点三十五分才到。在车站时，因向站上职员询问赴伯尔尼的月台（国外车站上的月台颇多，以号码为志），他劝我再等一小时有快车可乘，我正欲在沿途看看村庄情形，故仍乘着慢车走。离了团体，一个人独行之后，前后左右都是黄发碧眼儿了。

团体旅行和个人旅行，各有利弊。其实在欧洲旅行，有关于各国的西文指南可作游历的根据，只须言语可通，经济不发生问题（团体旅行，有许多可省处），个人旅行所得的经验只有比团体旅行来得多。记者此次脱离团体后，即靠着一本英文的《瑞士指南》，并温习了几句问路及临时应付的法语，便独自一人带着"指南"，按着其中的说明和地图，东奔西窜着，倒也未曾做过怎样的"阿木林"。

记者到瑞士的首都伯尔尼后，已在八月十九日的下午，租定了一个旅馆后，决意在离开瑞士之前，要把关于游历意大利所得的印象和感想的通讯写完，免得文债积得太多，但因精神疲顿已极，想略打瞌睡，不料步武猪八戒，一躺下去，竟不自觉地睡去了半天，夜里才用全部时间来写通讯。二十日上午七点钟起身后继续写，才把《表面和里面——罗马和那不勒斯》一文写完付寄。

关于瑞士，我已看了好几个地方，很想找一个在当地久居的朋友谈谈，俾得和我所观察的参证参证，于是在九点后姑照所问得的中国公使馆地址，去找找看有什么人可以谈谈，同时看看沿途的胜景。一跑跑了三小时，走了不少的山径，才找到挂着公使馆招牌的屋子，规模很小，尤妙的是公使一人之外，就只有秘书一人，阍人是他，书记是他，打字员也是他，号称一个公使馆，就只有这无独有偶的两个人！（不过还有一个老妈子烧饭。）问原因说是经费窘迫（日本驻瑞的公使馆，除公使外，有秘书及随员三人、打字员两人、顾问［瑞士人］一人及仆役等）。

记者揿电铃后,出来开门的当然就是这位兼任阍人等等的秘书先生,他是一位在瑞士已有十三四年的苏州人,满口苏白,叫苦连天。我们一谈却谈了两小时之久,所得材料颇足供参考,当采入下篇通讯里。可是我却因此饿了一顿中餐。

八月二十一日下午乘两点二十分火车赶日内瓦,四点五十分到。在该处除又写了《离意大利后的杂感》一文外,所游的胜景以日内瓦湖为最美。但是这样美的瑞士,却也受到世界经济恐慌的影响。其详当于下篇里再谈。

八月二十五日,记于巴黎

巴黎的特征

记者于八月二十三日夜里由日内瓦到巴黎，提笔作此通讯时已是九月六日，整整过了两个星期，在这时期内，一面自己补习法文（昨据新自苏联回巴黎的汪梧封君谈，在苏联欲接近一般民众，和他们谈话，外国语以德语最便，其次法语，英语最难通行），一面冷静观察，并辗转设法多和久住法国的朋友详谈，所得的印象和感想颇多，容当陆续整理报告。现在先谈谈巴黎的特征。

讲到巴黎的特征，诸君也许就要很容易地联想到久闻大名的遍地的咖啡馆和"现代刘姥姥"所宣传的什么"玻璃房子"。遍地的咖啡馆确是巴黎社会的一个特征，巴黎街上的人行道原来很阔，简直和马路一样阔，咖啡馆的椅桌就几百只排在门口的人行道旁，占去人行道的一半，有的两三张椅子围着一只小桌子，有的三四张椅子围着一只小桌子，一堆一堆地摆满了街上；一到了华灯初上的时候，便男男女女地坐满了人，同时人行道上也男男女女地熙来攘往，热闹异常，在表面上显出一个繁华作乐的世界。在这里可以看到形形式式的"曲线美"，可以看到男女旁若无人似的依偎蜜吻，可以看到男女旁若无人似的公开"吊膀子"。这种种行为，在我们初来的东方人看来，多少存着好奇心和注意的态度，但在他们已司空见惯，不但在咖啡馆前，就在很热闹的街上，搂腰倚肩的男女边走边吻，旁人也都像没有看见，就是看见了也熟视无睹。但我们在"繁华作乐世界"的咖啡馆前，也可以看见很凄惨的现象！例如衣服褴褛、蓬发垢面的老年瞎子，手上挥着破帽，破喉咙里放出凄痛的嘎嗓的歌声，希望过路人给他几个"生丁"（一个法郎等于一百生丁）；还有一面叫卖一面叹气的卖报老太婆，白发瘪嘴，老态龙钟；还有无数花枝招展、挤眉弄眼向人勾搭的"野鸡"。有一次记者和两位朋友同在一个咖啡馆前坐谈，有一个"野鸡"不知看中了我们里面的哪一个，特在我们隔壁座位上（另一桌旁）花了一个半法郎买了一杯饮料坐了好些时候，很对我们注视，后来看见我们没有人睬她，她最后一着是故意走过我们桌旁，掉下了手巾，俯拾之际，回眸对我们嫣然一笑，并作媚态道晚安，我们仍是无意上钩，她才嗒然若丧地走了。她这"嫣然一笑"中含着多少的凄楚苦泪啊（不过法国的"野鸡"却是"自由"身体，没有什么老鸨跟随着，可是在经济压迫下的所谓"自由"，其实质如何，也就不言而喻了！听说失业无以为生的女工，也往往陷入这一途）！

至于"现代刘姥姥"所宣传的"玻璃房子"，并不是有什么用玻璃造成的房子，不过在有的公娼馆里，墙上多设备着镜子，使几十个赤裸裸的公娼混在里面更热闹些罢了（因为在镜子里可显出更多的人体）。据"老巴黎"的朋友所谈的这班公娼的情形，也足以表现资本主义化的社会里面的"事事商品化"的极致。这种公娼当然绝对没有感情的可言，她就是一种"商品"，所看见的就只是"商品"的代价——金钱。有的论时间而计价钱，如半小时一小时之类，到了时间，你如果"不识相"，执事人竟可不客气地来打你的门！不过有一点和"野鸡"一样，就是她们也是有着所谓"自由"身体，并没有卖身或押身给"老鸨"的事情；可是也和"野鸡"一样，在经济压迫下的"自由"，其真义如何也可想见，在表面上虽似乎没有什么人迫她们卖淫，尽可以强说是她们"自由"卖淫，实际还不是受着压迫——经济压迫——才干的？这也便是伪民主政治下的借来作欺骗幌子的一种实例！世间变相的"公娼"和"野鸡"正多着哩！

　　据在这里曾经到过法国各处的朋友说，咖啡馆和公娼馆，各处都有，不过不及巴黎之为尤盛罢了。

　　记者因欲探悉法国的下层生活，曾和朋友于深夜里在街道上做过几次"巡阅使"，屡见有瘪三式的人物，臂膊下面夹着一个庞大的枕头，静悄悄地东张西望着跑来跑去，原来这些都是失业的工人，无家可归，往往就在路旁高枕而卧，遇着警察，还要受干涉，所以那样慌慌张张似的。法国在各帝国主义的国家中，受世界经济恐慌的影响，比较地还小，据我们所知道的，法国失业工人已达一百五十万人，但法当局讳莫如深，却说只有二十四万人（劳工部最近公开发表注册领救济费者），最近颇从事于修理各处有关名胜的建筑和机关的房屋，以及修理不必修的马路等等，以期稍稍容纳失业工人，希冀减少失业人数装装门面，但这种枝节办法能收多大的效用，当然还是个问题。向政府注册的失业工人每月原可得津贴三百法郎，合华币六十圆左右，在我们中国度着极度穷苦生活的民众看来，已觉不错，但在生活程度比我们高的法国，这班工人又喜欢以大部分的收入用于喝酒，所以还是苦得很，而且领了若干时，当局认为时期颇久了，不管仍是失业，突然来一个通知，把津贴停止，那就更尴尬了。这失业问题，实是给帝国主义的国家"走投无路"的一件最麻烦的事情。

但是在法国却也有它的优点，为产业和组织落后的殖民地化的国家所远不及的，记者当另文叙述奉告。

一九三三年八月六日，晚，记于巴黎

在法的青田人

关于在欧洲的我国的浙江青田人，记者在瑞士所发的通讯里，已略有谈及，到法后所知道的情形更比较地详细。这班可怜虫的含辛茹苦的能力，颇足以代表中国人的特性的特征！而眼光浅近，处于被侮辱和可怜的地位，其情形也不亚于一般的中国人。我每想到这几点，便不禁发生无限的悲感。

据熟悉青田人到欧"掌故"的朋友谈起，最初约在前清光绪末年，有青田人某甲因穷苦不堪（青田县为浙江最苦的一个区域，人民多数连米饭都没得吃），忽异想天开，带着一担青田所仅有的特产青田石，由温州海口而漂流至上海，想赚到几个钱以维持生活，结果很不得意，不知怎的竟得由上海漂流到欧洲来，便在初到的埠头上的道路旁，把所带的青田石雕成的形形式式的东西排列出来。欧人看见这样从未看见过的东西，有的也被唤起了好奇心，问他多少价钱，某甲对外国话当然是一窍不通，只举出几个手指来示意，这就含混得厉害了！有时举出两个手指来，在他也许是要索价两毛钱，而"阿木林"的外国人也许就给他两块钱。这样一来，他便不久发了小财。这个消息渐渐地传到了他的本乡，说贫无立锥之地的某某，居然到海外发了洋财了，于是陆续陆续冒险出洋的渐多，不到十年，竟布满了全欧！最多的时候有三四万人，现在也还有两万人左右，在巴黎一地就近两千人。洋鬼子最初虽不注意青田石的这项生意，而且是神不知鬼不觉地漏进来的，没有什么捐税，我国的青田人才得从中取些小利，后来渐渐知道源源而来，便加上捐税，听天由命的中国人在这方面的生意经便告中断，但人却来了，自问回中国去还更苦，于是便以各种各色的小贩为生。他们生活的俭苦，实在是欧洲人所莫名其妙，认为是非人类所办得到的！现在巴黎的里昂车站（Gare de Lyon）的附近有几条龌龊卑陋的小巷，便是他们业集之处。往往合租一个大房间，中间摆一张小桌子，其余的地板上就是铺满着的地铺。穷苦和龌龊往往是结不解缘的好朋友，这班苦人儿生活的龌龊，衣服的褴褛，是无足怪的，于是这些地方的法国人便都避之若蛇蝎，结果成了法国的"唐人街"，法国人想到中国人，便以这班穷苦龌龊、过着非人生活的中国人做代表！有人怪这班鸠形鹄面的青田小贩侮辱国体，但是我们平心而论，若国内不是有层出不穷的军阀官僚继续勇猛地干着"侮辱国体"的勾当，使民不聊生，情愿千辛万苦逃到海外，受尽他人的蹂躏侮辱，这班小百姓也何乐而为此呢？他们这班小贩这样说，每日提箱奔跑叫卖，只需赚得到一个法郎（就法国说），就是等于中国的两毛钱，每月即等于中国的六块钱，倘能赚得到三个法郎，每月即有十八圆，这在他们本乡青田固不必想，即在今日的中国，在他们这样的人，也谈何容易！所以他们情愿受尽外人的践踏侮辱，都饮泣吞声地活着，因为他们除此以外更想不到什么活路啊！

在巴黎的青田小贩所以会业集于里昂车站的附近，还有一个理由：因为他们大多是由海船来的，由马赛上岸到巴黎，这是必经的车站。这班人由中国出来，当然没有充足的盘川，都是拼着命出来的，到了马赛，往往腰包就要空了，尽其所有，乘车到里昂车站，到了之后是一个地道十足的光棍，空空如也，在马路上东张西望，便有先到的青田人（他们也有相当的组织）来招待他去暂住在青田人办的小客栈里，青田小贩里面也有发小财的（多的有二三十万的家资），便雇用这种人去做小贩，他便从中取利。所以在这极艰苦的事情里面，也还不免有剥削制度的存在！这种小贩教育程度当然无可言，不懂话（指当地的外国语），不识字，不知道警察所的规章，动辄被外国的警察驱逐毒打，他们受着痛苦，还莫名其妙！当然更说不到有谁出来说话，有谁出来保护！呜呼中国人！这是犬马不如的我们的中国人啊！

这班青田人干着牛马的工作，过着犬马不如的非人的生活，但是人总是人，疲顿劳苦之后也不免想到松动松动的娱乐。巴黎是有名的供人娱乐的地方，但在这班小贩同胞们，程度绝够不上，无论咖啡馆也罢，跳舞场也罢，乃至公娼馆也罢，他们绝没有胆量进去问津，于是他们里面比较有钱的人便独出心裁，开办赌场，打麻将抽头，精神上无出路的小贩们便都聚精会神于赌博，白天做牛马，夜里便聚起来大赌而特赌，将血汗得来的一些些金钱都贡献给抽头的老板们！这几个开赌场的老板们腰包里丰富了，便大玩其法国女人，一个人可包几个女人玩。最后的结果是小贩们千辛万苦赚得的一些血汗钱仍这样间接地奉还大法兰西！

这班可怜虫过的是不如犬马的生活，同时也是盲目的生活、

203

无知的生活。往往因为极小的事情，彼此打得头破血流！前几个月里有因赌博时五十生丁（约等中国的一角钱）问题的极小事故，两个人大打其架，不但打得头破血流，竟把一个人打死了！法国警察发现了这个命案，当然要抓人，听说这个"打手"在同乡私店里多方躲藏，至今尚未抓到。

这班青田人有的由海船不知费了多少手续偷来的，有的甚至由西伯利亚那面走得来的，就好的意义说，这不能说他们没有冒险的精神，更不能说他们没有忍苦耐劳的精神，但是有这样的精神而却始终不免于"犬马"的地位，这里面的根本原因何在，实在值得我们的深刻的思考。

一九三三年九月二十九日，记于巴黎

由巴黎到伦敦

记者提笔写这篇通讯的时候，到伦敦已有一个多月了，因为预计所已寄出的文稿，还可供《生活》许多时候继续的登载，所以到今天才动手续写通讯，但这一个多月的时间却也支配得很忙。大概上半天都用于阅览英国的十多种重要的日报和几种重要的杂志，下半天多用于参观，或就所欲查询的问题和所约的专家谈话，晚间或看有关所查询问题的书籍，或赴各种演讲会（去听不是去讲），或约报馆主笔谈话，或参观报馆夜间全部工作。每天从床铺上爬起来，就这样眼忙、耳忙、嘴忙，忙个整天。

记者系于九月三十日上午十点钟由巴黎动身，当日下午四点五十五分到伦敦。由巴黎到伦敦须渡英吉利海峡（English Channel），原有四条路线可走，而以走加来（Calais）和多维尔（Dover）一条路线，所经海峡距离最短。记者在事前就听见朋友说起，经过英吉利海峡虽为时仅两小时左右，但风浪极大，无论怎样富于旅行经验的人，却不得不吃些苦头；记者因怕晕船，不必要的苦头可免则免，所以就选走这条海峡距离最短的路——先由巴黎乘火车到加来（法境），由该处离火车乘轮渡海峡，达多维尔（英境），然后再乘火车到伦敦。到通济隆买票的时候，才知道要走这条路，由巴黎到加来的火车只有头二等，没有三等，这个竹杠只得让他们敲一下了。轮上，因预得朋友的警告，说三等晕得更厉害，千万要坐二等，我也只得照办，不过从多维尔到伦敦的一段火车却仍坐了三等。

下午两点钟开始渡海峡，一到船上，阴云密布，凛风吹来，气候就特别冷起来，许多男女老幼搭客身上都穿了冬天厚呢大衣，我却只穿了一件春季夹大衣，可是此时满心准备着大尝一番晕船苦楚，危坐待变身上虽似乎有些发抖，却不觉得怎样冷。船上原有大菜间供搭客们吃中饭，但一则因为这种地方价钱都特别昂贵，二则因为准备晕船，不宜果腹，所以我便打定主意叫自己的肚子饿一顿。记者饿着肚子坐着待变的时候，一面纵览同船的许多老的、少的、男的、女的，形形式式的搭客；一面却另有一种感触，觉得我所以肯、所以能不怕怎样大的风浪在前面，都鼓着勇气前进，只有应付的态度，没有畏避的态度，就只因为我已看定了目的地——所要达到的明确的对象——又看定了所要经的路线。此事虽小，可以喻大。

但是事情却出乎意料之外！我睁着眼巴巴地望着海面，准备着狂风怒涛的奔临，却始终未来；等到船将靠岸，随着大众从第二层甲板跑到最高一层甲板时，大风骤作，有许多太太小姐们的裙子随着大衣的衣裾被风吹得向上纷飞，她们都在狂笑中用手紧紧地拉着，一不留神，大腿和臀部都得公开一下，引得大家哄笑。还有许多"绅士"们的帽子也被大风吹得满地（甲板上）滚，搭客们就这样笑作一团，纷纷上岸。

第二辑 西行杂谈

由瑞士到法国时,火车驶入法境后,仅由法国海关人员在火车上略为翻看搭客的箱子(火车同时仍在继续前行),此次由法到英,上岸后却须到海关受一番盘查。他们把本国人(英)和外国人分做两起,经两个地方出入。凡是本国人,只需看一看护照就放过。一大堆外国人(其中以法国人占多数,中国人就只记者一人)便须于呈验护照后,由海关人员十几人各在一张桌旁,向客人分别查问。有个海关人员问到记者时,问我来英国干什么,我说是个新闻记者,现在欧洲旅行考察。他很郑重地问:"你不是来找事做的吗?"我开玩笑地答他道:"我是来用钱,不是来赚钱的!"他听了笑起来,问我钱在哪里,我刚巧在衣袋里有一张汇票,便很省便地随手取出给他看一看,他没有话说,只说如在英居住过了三个月,须到警察局登记,说完就在我的护照上盖一个戳子。后来我仔细看一下,才知道这戳子上面还郑重注明:"准许上岸的条件,拿此护照的人在英国境内不得就任何职业,无论有薪的,或是无薪的。"总之他们总怕外国人来和他们抢饭吃就是了——这大概也是他们失业恐慌尖锐化的一种表现。

离了海关,提着衣箱赶上火车,于拥挤着的人群中勉强找得一个座位,便向伦敦开驶。英国火车的三等比意大利的好得多了,六个人一个房间,有厚绒的椅子,椅下还有弹簧,我国火车的二等还比他们不上,三等更不消说了。车行不久后,天气放晴,气候也和暖起来了,向左右窗外看看,乡间房屋多美丽整洁,比法国的乡间好,和在瑞士乡间所见的仿佛。途经一个很大的墓地,几百个十字架式的墓碑涌现于鲜花青草间,异常清丽,但见东一个西一个妇女穿着黑衣垂首跪在碑前,想象她们不知洒了多少伤心泪！

到后因已承朋友先为租好了一个人家的房间，便搬进去住。伦敦的街道，大街固然广阔平坦，就是住宅区的比较小的街道，也都是像上海静安寺路或霞飞路那一样的光滑、平坦、整洁。住宅大都三层楼，门口都是有余地种些花草。记者所租的房间，也在这样状况中的一所屋里。这种一般的小住宅，里面大都设备得很整洁讲究，在马路上就看得见华美的窗帷，不但房里有花绒地毯，就是楼梯上也都铺有草绒地毯。抽水马桶和自来水浴室也都有。房里都有厚绒沙发可坐。除东伦敦的贫民窟外，这可算是一般人民水平线以上的普通生活，这当然不是上海鸽子笼式房屋的生活所可同日而语了，至于连鸽子笼式房屋还没得住的人，那当然更不消说。不过记者在伦敦现在所住的这个屋子，却有些特殊的情形，这些未尝不是英国社会一部分的写真，下次再说。

一九三三年十一月五日，伦敦

≪ 第二辑　西行杂谈 ◀

曼彻斯特

　　记者于十一月二十七日上午十点三十分钟,由伦敦乘火车赴曼彻斯特,下午两点十分钟到。此行所得关于《曼彻斯特导报》的材料,上节通讯里已述及,现在要略谈关于其他的见闻。

　　我们要感觉到曼彻斯特对于英国的重要,只要想到英国的经济几乎全靠工业制造品的出口。棉织物向居英国工业制造品的第一位,在大战前,英国棉织物的出口货,实占该国全部出口货总价值中的三分之一,大战后虽锐减,仍占四分之一;我们知道这棉织物所自产造的大本营是在兰开夏(Lancashire),而曼彻斯特却为兰开夏该业的最重要的中心地点。在大战前,可以说世界各市场的棉织物进口货,全部中的四分之三是由曼彻斯特的公司输运出来的;在大战后,关于棉织物的国际贸易,也还有二分之一是操于曼彻斯特该业中人的手里。英国在大战前成为"一世之雄"——世界上最富强的国家——就经济方面说,大部分靠它的出口贸易,出口货的大宗是棉织物,而曼彻斯特却是英国制造棉织物的中心区域。曼彻斯特和英帝国主义的繁荣,和英帝国主义对殖民地及半殖民地的经济侵略,其中密切的关系,于此可见。

但是现在却到了倒霉的时代！视作靠山的出口贸易自一九二九年世界经济恐慌以来，已越缩越少，缩到不及从前的三分之一了。占着出口货大宗的棉织物当然随着一同倒霉，加以日本在这方面的激烈竞争，日帝国主义和英帝国主义大抢市场，更使这只"壮牛"（John Bull）走投无路。东洋货最凶的是价钱便宜，例如一件布的衬衫，在英国即工资不算，运输和经商的费也不算，成本至少须一个先令六便士（普通售价每件约在五先令左右），而日本货的布衬衫却能在英国市场上每件售价一个先令！所以即在英国直接的殖民地如香港，日本货的进口在一九三二年值七十余万镑（七十三万七千零八十八镑），一九三三年仅开始八个月内，竟增至一百万镑以上（一百一十万七千二百二十九镑）；又如在印度，日本货的进口在一九三二年值八百余万镑（八百八十八万三千一百七十八镑），一九三三年仅开始八个月内，竟增至一千万镑以上（一千零四十四万八千零八十一镑）！这里面棉织物当然也是大宗，弄得兰开夏的棉织工厂停工的停工，倒闭的倒闭，叫苦连天！帝国主义互争市场的把戏，正在钩心斗角一幕又一幕地演着，愈演愈尖锐化！

曼彻斯特虽在倒霉的时代，但仍然是烟雾弥天，加以天天是阴云密布着，无时不是黄昏的模样。由工厂的烟囱里出来的烟还不够，街上还有一种旧式的汽车，不用汽油而是烧煤的（大多数是运货车），上面也有个小烟囱，在街上来来往往大放其烟灰。我每出门一次回到旅馆里，或仅出门走了几步路，用手巾向脸上一擦，或鼻孔里一抹，总是黑化。住这工业区的人民，烟灰想总吃得不少。但街市热闹，商店装潢美丽，交通便利，马路平阔，男女熙来攘往，却不失其为大城市的气概。

记者住在一个小旅馆里，房间约有二三十间，最下层有颇舒适的公共写字间和餐室。旅馆虽小，却非常清洁，楼梯和地上都铺着花绒地毯。里面除一个老板和一个老板娘外，就只有两个青年女侍者，虽仅穿着蓝布的罩衫，白布的圆领和胸前的围巾，但美慧天成，令人愉悦；可是一天忙到晚，我看什么事都是她们俩干着，早晨六七点钟就听见她们的迅捷的足声在房门外响着，直到夜里十一点钟以后才得休息，而那对主人却终日闲暇着。有一次，刚巧只我一个人在公共写字间里的墙壁火炉前看报，这两个女侍者里面有一个进来替火炉加煤，我乘便问她星期日也略能得到休息的时候吗？她呶着嘴说也是一样的一天忙到晚，说完后嫣然一笑，回转身又匆匆忙忙地去干着别的工作了。就在这小小的一个旅馆里，有资产者和仅靠劳动力以求生者，便截然分明，使人感到劳逸的不均，人生的不平。

到的那天，有位在曼彻斯特的朋友杨君知道我来，特从伦敦买到几样中国菜的料子，预备约中国学生某君烧几样中国菜来吃晚饭，不料某君不在家，他忽想起有个他所熟悉的业洗衣作的华侨某甲也是烧中国菜的能手，便同去找他，就在他店里同吃晚饭，带来的几样菜就请他一手包办。这个小小的一家洗衣作，某甲是老板，这家店就是他的产业，年逾半百，人很老实，不过生得奇丑，还有个中国伙计，看上去很像鸦片鬼。此外还有一个五十来岁的英籍老太婆和她的一个生得可算健美的女儿，年约二十左右，腹部已膨胀，听说已有了三个月的身孕。这老太婆很健谈，和我谈了许多关于英国的家庭习俗，特别注意钱的重要！

后来听杨君说，才知道她的女儿不久以前已嫁给这个洗衣作老板某甲，这老太婆就靠这女儿吃着不尽，这也许是她对于"钱的重要"的一种表现吧。两女四男同桌吃了一顿。席中老太婆、杨君和我，话最多，某甲和伙计因只会说广东话，变腔的英语也说不到几句，所以只尽量地喝酒吃菜。那个年轻女子虽偶尔说话，但大部分时间都静默着，好像在想着无限心事似的。饭后和杨君在途中时，我说菜的味道很好，不过看着那个满腔心事的年轻女子，不知怎的心里始终感到有些怏怏不乐。其实这也是旧社会制度里的常有现象，像我国某"要人"，年逾半百，听说潜伏梅毒已到了第三期（比较起来，那位勤苦老实的某甲好得多了），还娶了年轻貌美的大学女生。这女生的家属还在事前千方百计地怂恿她出嫁，因为高攀了贵戚，全家从此可以不愁不"鸡犬升天"了！这算是旧社会制度里的婚姻自由！

一九三三年十二月三十一日，伦敦

>>> 第二辑　西行杂谈 <<

利物浦

英国棉织业大本营的兰开夏有两个最著名的城市：一个是曼彻斯特，记者在上次通讯里已略述梗概了；还有一个是利物浦（Liverpool），在兰开夏西南沿海的一个船业中心，有英国的"西方门户"之称。该埠沿岸接连着的船埠达六哩半之远，港内水面积有四百七十五亩之广，无论怎样大的轮船都能靠岸。英国进口货的四分之一和出口货的五分之二，都经过利物浦。该埠除在运输上占重要地位外，最重要的工业是造船，故大规模的船坞，连绵数里，坐着架空的电气火车，沿船埠兜了好半天，还看不完。但是英国的出口贸易，既跟着世界经济恐慌而踏上了倒霉之路，运输业当然随着一同倒霉。曼彻斯特到了倒霉时代，利物浦也不得不到了倒霉时代。繁荣时代，规模越大越煊赫；倒霉时代，规模越大越糟糕，越难收拾。在一九三三年的一年中，造船业工人有一半以上失业；船埠工人及水手有三分之一以上失业，形势严重，可以想见。

记者于十一月三十日上午十一点三十分钟由曼彻斯特乘火车动身，下午两点十分钟到利物浦。市面萧条，较曼彻斯特露骨得多。在利物浦大学地理学院肄业的朋友涂长望君（《生活》的读者）到车站来照拂，并承他陪伴了两天，诚挚可感。记者此次出国最感愉快的是借着《生活》的媒介，遇着许多有志的青年朋友，涂君也是其一。我们虽未曾谋面过，但却是一见如故，快慰平生，因为我们在精神上都早成了好友。涂君说利物浦大学地理学院教授（兼院长）罗士培（Prof. Percy M. Roxby）对中国非常表同情，叫我去谈谈。当天下午四时左右便同往，将近该校和进了该校的时候，陆陆续续看见男女同学迎笑着对涂君打招呼，态度都很亲热。据涂君告我，该校因罗士培教授对中国异常表同情，每讨论到远东问题，总是帮中国，所以造成风气。他所主持的地理学院的男女生近百人，都是对中国特具好感的。我才恍然于许多男女生对中国人的亲热态度。

罗士培教授十年来曾三次到过中国，对于中国文化及地理问题的著作颇多，对于中国学生的事情非常肯热心帮忙，遇着有演说机会的时候，总是替中国说话。中国的好坏，自有本身的事实存在，我们原不必听见有人说好话便色然而喜，但是肯表同情于中国的朋友，却也值得我们的介绍。

英国人把下午四五点钟的那顿茶点看得很重，有人说他们晚饭不吃还不打紧，下午那顿茶点是万不可少的。我们到了地理学院里的时候，正遇着罗士培和几个同事在楼上一个小房间里吃茶点，便邀涂君和我一同加入。罗士培教授说他刚接到一位伦敦朋友的信，知道我来，正盼望着晤谈。他今年五十三岁了。还是一个独身，住在学生寄宿舍里，和学生混在一起，衣服看上去也很随便，大有一个书呆子的模样，大概他的注意力都用在地理学上去了。在这天的茶点席上，却有他的一位妙龄秀美的女秘书奥德姆女士（Miss Oldham）担任"女主人"的职务，很殷勤和蔼地招呼客人的茶点。此外还有该学院的讲师史密斯君（W. Smith）。我们五个人围桌而坐，我们当然很容易谈到中国问题。我忽见他（罗士培）瑟瑟缩缩从衣袋里一个日记簿上，取出几张刚从报上剪裁下的关于中国的新闻。有一张是一个英国"死硬派"素有"中国通"之名的某甲写给《泰晤士报》的信，大意说，日本占据满洲，虽经国联认为不合理，但现在已成事实，时势不同，如仍根据国联意见，不注意事实，徒然妨碍世界和平云云。这几位英国的男女朋友——罗士培、史密斯和奥德姆——都愤愤不平，我暗中觉得我们自己不长进，旁人反代为不平，徒然增加我们自己的惭愧而已！我们约谈半小时后告辞握别。

罗士培教授有个习惯颇好笑，他谈话时，仰着头，眼睛好像总是望着天花板。倘若不是他的诚恳，简直有人疑他旁若无人。我出来后对涂君说句笑话，说罗士培的眼睛总是好像望着天花板，他大概从未知道同事里面有个那样秀美的奥德姆女士吧！

记者在利物浦时参观了利物浦大学（建筑学最著名），大规模的船坞（有许多轮船都闲空着），利物浦的贫民窟（所谓"slum"，该处是在英国最大的贫民窟之一，衣服褴褛，房屋破烂，触目皆是）。此外在建筑上比较特别的是利物浦的"浮码头"，他们称为"landing stage"，因为在那海岸旁的潮水涨落得很厉害，最高时涨到三十四呎，低时十一呎，所以为搬货及搭客上下的便利，不得不有浮着的活码头。该码头长两千五百三十四呎，平均阔八十呎，高出水面六呎到八呎，用铁链系在岸旁，价值二三十万镑，工程殊为宏大，走上去简直是陆地，不觉得是在什么码头上。不愧为帝国主义对外实行经济侵略的大本营的规模！

还有个尚在继续建造中的大建筑物是利物浦大教堂（Liverpool Cathedral）。世界第一宏伟的大教堂是罗马的圣彼得大教堂，高四百十八呎，利物浦这个才造好一部分的大教堂也有三百零八呎高，欲抢得第二把交椅。自一九〇四年开始建筑以来，建筑了近三十年，尚未完工，其工程浩大可想。记者去瞻仰时，不得不惊叹该处大贫民窟里的许多贫民集合起来，哪比得上这个上帝的福命啊！听说对此事捐款最踊跃的是该处的资本家。帝国主义最欢迎的是《圣经》（见《海上拾零》），资本家所欢迎的又是大教堂！

在英国的华侨，最多的是在伦敦（当另文记之）；其次要算利物浦了，有三百八十人，其中约有一百八十人做轮船上的水手、火夫及极少数的管事人（steward，类于茶房头的职务），现此中失业者已有六十八人，此外有几家小菜馆及小商店，大概只专做本国人的生意，其余的大多是洗衣业，也仅靠老主顾勉强维持着（曼彻斯特也有二十几个华侨，全是洗衣业，几乎全有了英籍的妻子）。他们大多娶了英国女子。冒着险到英国谋食的华侨，教育程度原很低，有许多中西文字都不识，而英国妻子至少受过高小教育，所以大半受妻子的管辖，惧内者居多，因为写信记账以及许多事都需要仰仗她们。利物浦也有华人麇集的中国街（其实叫"Peel Street"），记者也去"巡阅"一番。当然都是小店，有好几家关了门，"寄人篱下"，免不得随人倒霉了！并到该处一家中国菜馆里去吃过两次饭，看见几个中英合种的男女小孩，真长得健美可爱，和他们瞎谈一阵，觉得他们天真烂漫，性情都很和蔼。有个三岁的孩子，只头发是黑的，其余就全似个洋囡囡，可爱极了，我简直想把他抱回中国来。这家老板是个广东人，老板娘是个大胖子的英妇，他们有个合种的女儿已十八九岁，有着一副婀娜的美态，一对妩媚的慧眼，说着一嘴的莺声软语，婉转动听，听说已和一个英国人订了婚，准备明年出嫁，怎样的英国人却不知道。

涂君谈起他有个好友赵云鹏君，在利物浦大学专攻桥梁工程，也是《生活》的读者，最近因肺病进了医院，听见记者来的消息，以不得一见为憾。我说我应该到医院里去慰问他，便于十二月一日下午买了一些水果，约同涂君和特由伦敦赶来利物浦陪我同赴爱尔兰的张似旅君，到医院里去看他。他住在一个大病室里，有几十个病人一排一排地沿着四面的墙旁榻上躺着，布置得很整洁。他也穿着睡衣躺着，我们三个在病室门口伸着脖子看清了他的榻位，便蹑手轻脚地偷移到他的榻旁。经涂君介绍后，我和他很诚恳地握着手，并把水果捧给他。他看见我们来了，欢喜得什么似的。我们听见他说，医生说已可无碍，身重加了两磅，不过还须疗养，也非常替他欢喜。我们除竭诚慰问外，不敢多谈，于郑重道别后，又偷偷蹑蹑地跑出了病室，已是万家灯火了。

当夜我便和张君乘轮赴爱尔兰的首都。

一九三四年一月四日，伦敦

游比杂谈之一

在欧洲的北部海岸，法国和德国的中间，有两个小国家，那就是比利时和荷兰。这两个小国的人口都在八百万左右，是在欧洲经过战争最多的一块地方，这不但是因为这一块地方的南部（即比利时）是正夹在法德两大国的中间，为这两大国扩充地盘时常争的地带，而且也因为这两小国有了欧洲最重要的几条河的出口，为斗争的媒介。但这两个小国家虽被人加上一个"小"字，在你抢我夺的这块地方上，居然能靠着自己斗争的力量，终于能维持他们的自由平等的地位（当时的国际形势当然也有关系，但根本还是靠自己斗争的力量），这时来自"大"国的我，来自"大"而任人宰割的中国的我，到这两国里看看，实在没有法子消除我的惭愧的心影。

记者于二月二十二日上午九点十五分由巴黎动身，十二点便到了比京布鲁塞尔（Bruxelles）。在火车里遇着一位荷兰老者，和他的妻子同坐在一个车厢里，他们俩的头发都白了，至少都在六十岁以上的年纪，而体格康健，却无异于四十岁左右的壮年。这老者能英语，我和他谈话之后，才知道他在荷兰经营船业已四十年了，听他的口气，好像是一个轮船公司经理。我问他荷兰船业最近情形如何，他说没有一个轮船公司不蚀本的，现在只得勉强维持现状，以待转机。我们知道荷兰的国力，最依靠的是他们的商业，尤其是航业。荷兰的航业到现在，虽还不及十七世纪独执世界牛耳时代，但仍占很重要的位置，他们靠着均衡出入口的差异，这是最主要的要素。但据这个经营船业四十年的老者说，现在却没有一个轮船公司不蚀本的，这也是因为他们逃不出世界经济恐慌的旋涡。

在国外遇着外国朋友，十八九要问你中日问题怎么样了，这个老者也不能例外。他似乎很抱憾地说，中国不能打，最没办法，我便把十九路军在淞沪打日本情形告诉他，他听得津津有味，随听随译给他的夫人听。我想，我们还有十九路军拿来遮遮面孔，但以偌大的中国，只有这昙花一现的十九路军，这面孔还是遮不了！

记者到比国的时候，正值他们一"丧"一"庆"的当儿。我到的那一天（二十二日），是爬山跌死的比王亚尔培大出丧的日子，也就是他们的国丧；第二天是比国新王利奥波尔第三宣誓登位的日子，也就是他们的国庆。在这两天，满街人山人海，比京附近各城的人都特为跑来看热闹，我就好像看了"比国人民展览会"。在新比王和他的王后的"銮驾"经过街道的时候，两旁挤得水泄不通的人丛中，都挥巾或挥帽欢呼；有的在最后一排的角落里，一点儿看不见国王或王后的脸，也大脱其帽，这种敬重王室的心理，在我们看来真觉莫名其妙。比王未葬前，陈尸三日，一任人民观看；各处人民到比京列队循序进去观看者，每日十余万人。听说有的看了流着眼泪，有许多情愿饿着肚子，或一夜不睡，列在队中立着，等候进去一看。这里面大概为好奇心所冲动的也不少，不过据说比王亚尔培在国王中算是很忠于国事和爱护人民的，所以确也留下了不少的哀思。

现在比国的政治和外交是唯法国的马首是瞻的，所以法国的政治如果没有什么大变动，比国的政治也就亦步亦趋，不会有什么大变动。比国的政党有天主教党，里面包括的是教徒、农民、资产阶级；自由党，里面包括的有财阀、工商界的领袖和一部分的知识阶级；社会党，里面包括的有工人，由知识阶级中人如大学教授、律师及其他自由职业者做领导；共产党。势力以天主教党和社会党的为最大，但经济实力操在自由党的手里。现在的局面，是天主教党和自由党联合战线压倒社会党，前两党为在朝党，后者为在野党。在这种形势之下，政治上的大权握在什么阶级的手里，可不言而喻了。共产党在国会里也有两三个议员，当二十三日那天新比王在国会里宣誓时，各党议员呼国王万岁，共产党议员则大呼"民国"万岁，大家也莫奈何他们，这如在以"马氏交通"触犯刑章的国家里，当然也是一件不可思议的事情！

讲到经济方面，比利时是欧洲最工业化的国家里面一个老资格，列日（Liège）的煤，在中世纪就有名的，铁和钢的工业，在十八世纪的末叶就发展了，现在这三种工业仍占最重要的位置。此外关于锌、铅、玻璃、纺织，也有大量的生产。从事农业的人民不到五十万人，从事工商业者却在两百万人以上。自世界经济恐慌发生以来，愈工业化的资本主义国家，倒霉的程度也愈高，比利时虽向来有富庶之称，也不能例外。试看他们的统计：

一九三一年工人失业人数为二十万零七千人；一九三二年增至三十五万人了；一九三三年增至三十八万三千人了。所以在比国布鲁塞尔极宽敞平滑的马路上，两旁的洋房和树荫多么美丽，你在这美丽的环境中就可发现着衣服破烂的变相的乞丐。有一个清晨，我和老友寄寒伉俪同在这样的一个道旁散步，就两次遇着这样变相的乞丐，手里拿着几根铅笔，伸着手向你要钱。其中有一个还有羞答答的样子，大概是初上任的，还没有得到多大的经验！据寄寒说，这都是失业的工人，在两三年前是从来没有看见过的。

布鲁塞尔有"具体而微的巴黎"之称。居民八十五万人，街道整洁，建筑美丽，市政修明，确很可引起人们的美感，但比巴黎当然尚望尘莫及。建筑物以大理院（Palace of Justice）为最宏伟，价值六千万法郎，占地比罗马的圣彼得教堂的地盘还大。欧洲的宏伟建筑物，最多的是教堂，其次是皇宫，此外则大理院也常夹在里面凑热闹，为游客常到之处。在我国，游客要特跑到审判厅去看看，大概很少。布鲁塞尔比巴黎，"微"则有之，"具体"还说不上。不过有一件事却不很"微"，那就是在热闹街市如Boulevard Adolphe Max一带，华灯初上，"野鸡"如鲫，我和寄寒伉俪及王君勤安等顺道过此，目见甚多。据说"野鸡"之外，还有不少公娼，那更可和巴黎分庭抗礼了！

记者在比虽仅前后四天，除到罗文（Louvain）半天外，承蒙寄寒贤伉俪差不多天天陪伴着游览，所看的地方不少，比较重要的是他们博物馆的设备，国家虽小，对于民众教育的努力并不小。在同往参观历史博物馆的那一次，在同时游客中有三个美丽活泼的比国少女（依中国女子标准看去有十六七岁，但她们身体发育健全,据说实际都还不过十三四岁),其中有一个尤秀媚,忽对我们几个外国人注意,跟着我们一块儿看,最后临别时,彼此分开了,她们还回过头来嫣然对我们说"再会",我们也欣然还报以"再会",虽心里明知道这"再会"是大概绝对没有希望的,可是那天真少女的美感,至今还萦回脑际。

比国的最大的殖民地是在南非洲的刚果(Congo),在比京时也特地去看了他们的殖民地博物馆,内容是动植矿物的生产之丰富,同时用相片和模型表示土人之野蛮和迷信等等文化落后的情形,受尽了种种的榨取剥削,还落得个不名誉的结果!比利时本国的全部面积不过一万一千余方哩,而比利时的殖民地刚果却有九十万余方哩,大了九十倍左右!

在比京也有所谓"无名英雄墓",即在世界大战中阵亡兵士的坟墓。在马路上经过这个地方的时候,不但走路的人都自动地脱帽致敬,就是在电车里的乘客,也都自动地脱帽致敬,这也可见一般民众教育的程度。记者也路过几次,尤其令人连带回想的是一九一四年蕞尔小国的比利时因德国侵入国境而英勇抗战的经过。德国原答应比国如许他们假道,决不侵犯,而比国毅然不许,当年八月五日,德军开始攻击,比将勒孟(Leman)率领比军抗战四倍人数的德军至四十八小时,最后因避包围,退至Fort Loncin,仍收拾残军抗战,坚持一周之久,勒孟战倒于残墟中,昏迷失却知觉,被德军掳去。此役比军死亡四万八千人,德政府第二次提出要求假道,仍被比国拒绝,以后的情形,读者诸君都知道,用不着记者赘述。总之德军绝对不得在比国"不抵抗"中爽快通过,要进一步,便须吃进一步的苦头!当年十月十八日至三十日，德军要通过比国的野塞河（Yser），被比军作十余日的死抗，比军死亡一万四千人，其英勇尤为历史上令人肃然起敬的一页，比军坚守这一小块仅余的国土，直至一九一八年大战终了时为止，未曾被德军占去，暴敌侵入国境是什么一回事，还有什么苟安图存的余地！比利时虽是蕞尔小国，她所以能卓然立于世界，也全靠这一点英勇抗战、令人不敢轻视的精神。当时毅然主持抗战的比王亚尔培和寸步不让而死抗到底的勒孟将军所以能留永思于比国人民心中者，不为无故。

一九三四年五月十一日，伦敦

笔尖斗士：邹韬奋自述

游比杂谈之二

比利时是在欧洲经过战争最多的一个地方，这在上面已提及。滑铁卢（Waterloo）之战，也是这许多战争里面最著名的一个。记者曾于三月二十三日午后，和寄寒伉俪偕往滑铁卢一游，整整费了一个半天的工夫。滑铁卢是一个居民仅有四千人左右的小村，在比京布鲁塞尔之南十一方哩，由布鲁塞尔去，乘一小时的电车可达。在一八一五年的六月，这是英将威灵顿（Wellington）驻扎抗战拿破仑的地点。拿氏以神出鬼没的战术，怀囊括全欧的野心，几乎所向无敌，最后经滑铁卢一败，真是中国话所谓"一败涂地"，皇帝没得做，关到圣赫勒拿（St. Helena）岛上去，五年后便以一死了之。在当年六月十八日那天交绥的处所，就在这滑铁卢村上一个小墩名叫Hougomont的上面开始。现在仅是一个农场，设有一个陈列馆，陈列关于该次战争的遗物，在楼上有个圆形的大画室，却很别致，中间一个大亭，亭的周围有围栏；围栏外面离七八丈的周围，便挂着高十余丈的大油画，围着这个亭子。油画的内容是描写当时联军和拿破仑军队交战的情形。油画的下面和亭外的空地接连，在地上便用真草、真茅屋，以及逼真的人马枪炮等等的模型布置着，油画的上面是画着蔚蓝的天空，和亭子上面接连着，全部用电灯衬托出来，使看的人从亭子里看出来，好像身临战地似的。除这个陈列馆外，还有一个纪念此次战事的人造的狮子山（Mont du Lion），这山是比利时于一八二三年及二六年间造成的，山高约一百五十呎，周围约一千七百呎，顶上中间有个铁铸的大狮子，二十四吨重，从山下可由二百二十六级的石级登到狮子的座子，座子周围及石级两旁都有铁栏杆围着。我们三个人都鼓着勇气爬到最高顶去远望了一番，这附近的四围便是数十万大军搏战之地，便是叱咤风云一世之雄的拿破仑大吃败仗的所在！天已渐渐地阴暗起来，匆匆下山回来，在电车里已是万家灯火了！

看到这个战地，使我回想到历史上关于此役有件趣事，那便是拿破仑自信必胜，唯恐威灵顿乘夜不战先逃！在六月十七日（一八一五年）的那个夜里，威灵顿和拿破仑的两方军队均驻扎在滑铁卢，等天明交战。拿皇帝把胜仗拿得十稳，深恐威灵顿在当夜乘黑暗中逃走，特于这个夜里——已经半夜了——离开他的居屋，只带着柏塔郎大将（Marshal Bertrand）一人相随，步行走出他的禁卫线，竟大胆地走到威灵顿驻扎地的前面周围的丛树附近。这时已是夜里两点钟了，拿皇帝在万籁俱寂中倾听，忽然听见有一队敌兵在黑暗中的步伐声，他想这一定是威灵顿乘夜里黑暗中拔营，这一营大概是他的最后的卫队了！他此时绝对梦想不到第二天威灵顿的军队会那样地死抗不退。虽以拿破仑的将才，一有轻敌之心，也免不了大吃败仗，这倒可给我们一个很好的教训！

记者于三月二十四日的上午费了半天的工夫去参观比国一

个文化中心的罗文，有"比利时的牛津"之称，由比京乘火车去，不及一小时即到。罗文是属于比利时的卜拉邦（Brabant）省的一个城镇，居民约有四万人，而在该处的罗文大学的学生却有五千人左右，所以满街随处可以碰到男女大学生。他们或她们虽穿常服，却都戴有不一律的制帽，各科各级的学生，都各有其特殊颜色和标志的制帽，使人一望而知，有的制帽像我们所常见的睡帽一样，各学生同时是什么学会或团体的会员，还把许多金的或银的五花八门的徽章插在帽上的周围，很特别。该校虽男女同学，向例男同学和女同学不得两个人（即仅仅一男一女）在街上同行，否则一被学校当局看见，即须传去问话，麻烦得很，所以在街上确看不见有这样的现象。顽固习俗可笑，究竟不知道有什么充分的理由！该校以医工较著名，中国留学生有二十余人，前《大晚报》记者张君也在该校肄业，记者到后，承他引导参观。罗文街上极少车辆，清静安逸，与布鲁塞尔迥异。著名建筑有五百年历史的市政厅、宏丽的教堂及大规模的图书馆等。当一九一四年八月二十五日，该城被德军占据，有意放火焚烧，连烧三天，烧毁了一千多屋子，存有十五万卷以上名著的图书馆也遭了这个浩劫，大战结束后，屋子已大多数重建，图书馆也重建了（大半出于美国人的捐款）。在德军侵占比境时，比国当局只想到死抗暴敌，并未曾想到一面准备不抵抗，一面把这些宝藏搬移到别处去，这大概因为他们深知国土一块一块地被暴敌侵占去，国且不国，搬移宝藏何用！况且他们没有不平等条约的妙用，没有什么租界可供移藏宝物，这也是比不上我们的！

比利时虽小，最有名的报纸，也有八九种之多，以《晚报》

（*Le Soir*）为最盛，印刷精美，插图尤佳，听说销数每日近百万。该报虽号称"晚报"，每日出版四次，每次遇有最新要闻，即加以补充。第一次约在下午三点半，第二次下午六点半，第三次夜里九点半，第四次半夜，便须在第二晨售卖了，故实际已包办了全日的新闻。至于各报对中国的态度，也学着帝国主义的大国的模样，尤其是学着英法报纸的常态，那就是不登中国的消息则已，一登总是丢脸的消息居多！不过仔细想来，这也不能尽怪别人，因为我们自己，尤其是负政治上责任的人，先要问一问我们自己是不是要脸，先要问一问我们自己干了什么不致丢脸的事情！

最后再谈谈在比的中国人。在比国的中国学生约有二百余人，在安特卫普（Antwerp）当水手的有百余人，青田小贩来来往往的也有四五十人。不久以前有驻西班牙的某比领受贿滥给护照，我国的青田小贩因纳贿而溜入比境者不少，后来这个领事的舞弊情形被比政府发现，革职查办，青田小贩被连累的都被驱逐出境。在这些脑子简单的青田小贩们，认为花了钱得到了护照，有什么错处，故常到中国使馆请办交涉，而中国使馆则以此事在比政府认为违法行为，无法可想。在法律上收贿者固被认为有罪，纳贿者也不是堂皇的事情，弄得很僵，况且做的是中国人，除准备着被驱出境的份儿外，更有什么话可说？

讲到在比的中国青田小贩，去年八九月间却发生了一件趣事。有三个青田小贩同住在一个比国人的家里，那家房东有三个女儿，正好配上了这三位青田小贩，都发生了关系，其中有一个女儿年龄还在十六岁以下，于是她们的父亲在法院提出诉讼，控告他们。但是房东太太以她的这个丈夫在外面有了一个姘头，平日不但不住在家里，而且置经济于不顾，还是这三位青田仁兄常常接济她的家用，所以到开庭审判的那一天，这位非正式的丈母娘在法庭上大帮这三个青田小贩！那天观审的很多，中国使馆也派有人去旁听。那位房东太太当着大众，对法官口若悬河地大讲她的一大篇大道理！她历数丈夫种种不顾家庭的罪状，极力赞扬这三个中国人如何如何的好！法官问问那三个女儿，也都说母亲的话不错，并且都表示愿嫁给这三个中国人。结果那个父亲大吃瘪，那三位祸中得福，喜出望外的青田仁兄各拥着娇妻，凯旋而回！这个案件，比国的报上只字不登，因为如把那位"丈母娘"的"中、比人的优劣论"那一篇大文章发表出来，在他们当然认为是和比国人的体面有关系的。

还有一件事，在布鲁塞尔的大规模的理发店里，请了两位中国的扦脚专家！我们中国洗澡堂里的扦脚情形，想读者诸君都知道的。这两位扦脚专家因为来修脚的多属舞女，享尽艳福，每月各有三五千法郎的收入，一位娶了法女为妻，一位娶了比女为妻。中国人在欧的著名的职业，一为洗衣，一为烧菜（开饭馆），现在大概要加上了扦脚！在巴黎时，有的法国朋友说，你们中国人的菜当然好吃，因为你们有了五千年的文明，烧菜的研究也有了五千年的历史了！现在出了扦脚专家，不知和五千年的文明也有什么关系没有！

比国人对中国的态度，讲到政治的方面，比国外交向来是亲法的，唯法马首是瞻，法在外交上对中国的态度既不佳，比也可想而知，例如中日事件发生后，比政府的态度即偏袒日本。讲到一般民众方面，可以说大多数对中国完全莫名其妙，大概看到青田小贩，便认为是中国人的代表，对于中国女子的印象，每以为仍是小脚，穿着他们在博物馆里所见的那种小脚鞋。（寄寒的夫人生得娟秀，在比外交界便很出风头，报上把她的相片登出来，即每有出门，街上行人都要特别注意她，也可以说稍稍替中国女子争得一点面子，至少使他们知道中国的女子和他们殖民地博物馆里所陈列的刚果女子究竟不同！）不过他们里面有一部分人因为本国无所不小，而觉得中国则那么大得吓人：讲面积，一来就是四五百万方哩（比国面积只一万余方哩）；讲人口，一来就是四五万万人（比国人口只八百万人）！但是中国那么大，人又那么多，而却又那么无用——至少在现状之下——大概他们不免更觉得诧异吧！

一九三四年五月十四日，伦敦

笔尖斗士：邹韬奋自述

谒列宁墓

八月九日下午参观了布尔穴俘公社之后，由莫斯科的郊外回到城内，顺便弯到红场，去看列宁的墓，因为这墓在下午五时后才开放给大众看。每次在这样开放的时候，往往有两三千人在墓前的红场上排成蜿蜒曲折的双人队，顺序等候着走入墓门去瞻仰这位革命领袖。我们这天共乘着三辆特备的公共汽车，到红场时，已见有几千人排着双人队在那里等候着。他们向例对外国来宾特别优待，可不必在这长队中等候，先行进去。所以我们这三大辆汽车装到的八九十个"外国来宾"占着便宜，下车后另外排成一个双人队，先行进去。

列宁墓背着克里姆林的高墙，前面便是叫作"红场"的大广场——遇有阅兵或是其他游行大会，都在这里举行。墓的全部是用深红色的大理石建造的，虽不甚高大，而气象却非常严肃。门口有红军的兵士两个持枪守卫，矮矮的门上刻着俄文"列宁的墓"字样。进门之后，有石阶引着向下走——向地窖走。向下走时，转过两三个弯，在每一个转弯处也都有红军的兵士持枪守卫着。我们这两人一排的队伍很静肃地向下走，最后走到一个地窨，靠墙的周围是略凸的两人一排可以通行的行人道，中央便是列宁的玻璃棺所在处。这玻璃棺是三角形（寻常的棺材是长的四方形，棺材头是四方形，列宁的玻璃棺是长的三角形，棺材头是三角形），全部是玻璃造的，里面有电灯很亮地照耀着，腰以下有绒毡罩着，腰以上全部现出；身上穿的有人说是工人的衣服，看上去是古铜色的哔叽制的，形式和在中国所谓"中山装"的一样，两臂都放在外边，一只手放在腰际。枕头是红绸制的，头上没有戴帽，可看见红黄色的头发，中央已秃，宛然如生，完全像闭着眼在睡觉。棺的两头各有一个红军的兵士持枪立正着，气象很严肃。我们想到列宁虽死，他的后继者仍能本他的主义和策略，努力向前干，天天在那里建设，时刻在那里发扬光大，他虽死而未死，中国成语所谓"虽死犹生"，他很近似，所以就算他不过是闭着眼在睡觉，也未尝不可。

我们两人一排的长队，很静肃地在这玻璃棺的四围走过。大家的眼睛当然都齐集在这玻璃棺里的"闭着眼在睡觉"的那位人物。出来的时候，还看见红场上成群结队的数千人在那里等候着。

在归途中，萦回于我的脑际的，还是刚才看到的在那玻璃棺里的"闭着眼在睡觉"的那位人物。在苏联的建设得着了成功的今日，我们也许很容易想到他的成功，但我在此时却想到他在失败时期对于艰苦困难的战斗和克服，却想到他的百折不回、屡败不屈的精神。

他的三十年的政治活动可当作一部战斗史读。

读过俄国革命史的人都知道在革命斗争中有布尔什维克和孟什维克的对立；前者是由列宁领导的。他对于孟什维克始终不肯马虎迁就（因为他看准了布尔什维克政策的正确，孟什维克路线的错误），在当时却有不少人希望这两派能合作，怪列宁固执，责他毁坏了党，甚至于说："假使他在什么地方失踪，死去，那是党的多么的幸运！"孟什维克的健将丹因（Dan）也说过这样的愤语，列宁的一位最忠实而勇敢的老友克立成诺夫斯基（Krzhizhanovsky）曾对丹因问道："一个人怎能毁坏全党，而且他们抵抗这一个人就那样地无用，以致诅咒他快死？"丹因回答得很妙，他说："因为没有别一个人像他那样每天二十四小时都为着革命忙，除想着革命没有别的念头，甚至在梦中所见的也只是革命。你想象这样的一个人，你能奈他何呢！"

说列宁继续不断地奋斗，这固是事实；但我们如不再作进一步的研究，这种说法仍近于肤浅。尤其重要的是他的革命的行动——百折不回的斗争——是根据于他对于主义的彻底的了解和信仰；他拿住了这个舵，无论遇着什么惊风骇浪，别人也许要吓得惊惶失措，在他却只望清彼岸，更加努力向前迈进。他在无论如何困难、艰苦和失败的时候，他的信仰从来没有丝毫动摇过——我认为这是他所以不受失败沮丧的最大原因。

当一九〇六年全党代表在斯德哥尔摩开会的时候，孟什维克占多数，列宁所领导的一派失败，他的信徒有些不免垂头丧气的，列宁咬紧牙根，对他们说道："不要埋怨，同志们，我们断然要获得胜利的，因为我们是对的。"他在失败中认为"断然要获得胜利"，这不是空中楼阁，是有"对的"根据。有正确的主义做根据的策略，才是"对的"策略。

但是"对的"政策却也不能自动——不能由袖手旁观而坐待

其成的——必须有义无反顾勇往直前的努力，才有达到目的的希望；列宁在被刺的前一刹那，在米契尔生（Michelson）工厂里工人会议中演讲，最后一句话是"非战胜即死亡"，这不是一句空话，他的一生便是这句话的表现。

还有一点也很重要：列宁一生的政治活动，始终不是立于"个人的领袖"地位，却总是代表着比任何个人都更伟大的一个以勤劳大众为中坚的大"运动"——这运动在他未产生以前就存在，在他死后还继续着下去的。

一九三五年二月一日夜，伦敦

▶ 笔尖斗士：邹韬奋自述 »

开放给大众的休养胜地——克里米亚

我们于八月十八日参观了世界上最伟大工程之一的第聂伯水电厂之后，于当夜即乘火车向克里米亚进发，十九日晨到克里米亚西南尖端的名城塞瓦斯托波尔（Sevastopol），和碧绿汪洋的黑海作破题儿第一遭的见面礼。

诸君如翻开地图，看到黑海，触到你眼帘的有个不规则四边形的半岛伸入海中，面积一万五千余方哩，和大陆（接着南乌克兰）接连处只有三四哩阔的一个海峡，这便是克里米亚半岛——是开放给大众的全苏联的休养胜地！

克里米亚是欧洲著名胜景之一，而在从前的俄帝国已是全俄最美丽的区域，所以那时的贵族和富有的布尔乔亚便作为他们独占着享福的地方，在南方沿海，由他们建筑了不少宏丽的别墅和官邸，不是勤劳大众所能梦想踏到的区域——这是距今不远的十八年前的现象；但是在革命之后，却成了开放给大众的全苏联的休养胜地！从前为少数剥削者所占有的无数别墅和官邸，现在都成为勤劳大众的疗养院和休养院了！这是多么痛快的一件事啊！

这半岛上的高山崇岭，由西而东，蜿蜒不绝，其特色是大部分的山顶都是平的，这种平顶最大的有几哩广阔，彼此之间有低平的汽车路联系着；因四季气候都在温暖中的缘故，全年青翠欲滴，鸟语花香，别有胜景。在南方沿海一带，因有平均三千呎高的山岭为屏障，和大陆隔开，阻挡着北方和东北方的冷风和暑炎，只引进南方和西南方的温和的清风、舒适的气候，成为休养或恢复健康最适宜的区域。据气候专家所研究，最合宜于人类身体机能发展之理想的气候是华氏表五十度。身体孱弱，或病后身体虚弱的人们，要增强体力，或恢复健康，都需要温暖，是忌变化过甚的气候。克里米亚的胜地如雅尔达每年中的平均气温都约在华氏表五十五度，最近于理想的气候。据过去二十年间的观察统计，全年中气候的差异，不过二点零七度，所以全年几乎在春秋两季中过去。太阳的光线对于疗养有很大的效力，而在克里米亚南岸每年可享到两千五百小时的阳光，每天平均有七小时的阳光。因为近着黑海，空气的清新，海滨的游泳和日光浴，更是极便利的享受。而这些宜于健康的种种优点，加上青山、丛树、绿茵、鲜花……便成了无双的福地！从前是少数人的福地，现在是最大多数人的福地了。在这"福地"，各疗养院可容纳的人数在两万以上；此外尚有医院六十所，每所有床位两千左右；诊治院约有百所；设备完善、规模宏大的肺病研究院一所。每季由各地到此"福地"来疗养或是例假中到此休养游玩的大众，至少在二十万人以上。（该半岛的居民约八十万人。）

我们往游克里米亚，最重要的目的地是在该处第一美丽的名城雅尔达，不过便路弯到塞瓦斯托波尔，在该处仅作一日的勾留。我们于十九日晨到塞瓦斯托波尔后，即乘车往博物馆参观克里米亚战争油画及战场遗迹。这战争是一八五四年俄皇要瓜分"近东病夫"土耳其所引起的英法联军,是历史上帝国主义争夺的一幕名剧。油画的宏大和布置,和我在比利时所见的滑铁卢战争的油画的规模和布置方法,简直是完全一样。当时该城被英法联军包围至十一个月之久,据军事家所推测,当时所用的军火的总量,各堆成土墩,可达二百八十呎宽阔,三百三十呎高。殷血盈河,全城为墟,所争者不过是帝国主义所欲得的赃物罢了!

但塞瓦斯托波尔在那时是俄帝国主义的坚垒,后来在革命时期中,却成为革命运动的一个重要中心,其最著名的是一九〇五年黑海舰队的起事,震动全国。虽一时被帝俄政府压平,但实为一九一七年革命的先导,为俄国革命史上最光荣的一页。

下午我们去参观希腊古城和希腊罗马所遗留的古物博物馆。希腊在黑海一带的殖民地经营,开始于西历纪元前的第八世纪末叶,距今近三千年了。这三千年前遗下的所谓希腊城,沿着黑海之滨,仅是东一大堆、西一大堆的残垣废址,有几处是由地下发现开掘的,在当时也许是广厅大厦,现在仅是大地窟中的几面残破的厚墙和崎岖不平的石砌地面罢了。所仍然无异的,大概只是立在这古城上可望见的那附近的黑海波涛汹涌怒号的声音吧。

我们回时途中还看了一个著名的地方叫"Blalaklava"。据说这是该处土语,译意为"渔网",是在海湾中的一个捕鱼的区域;水面平静如镜,两面青山高耸,沿岸有无数讲究的洋房,在从前是许多贵族富豪的别墅,现在也都成为工人的休养院了。爬到一个山顶危岩上,有个天然的石门,可遥望海上波涛,但因山势崎岖,虽享到"遥望"的眼福,却爬得一身热汗!据说该处的渔业原来也是由少数资本家所垄断的,现在也采用"集体"的办法,不在剥削者的手中了。

我们于八月二十日晨由塞瓦斯托波尔乘汽车经五十五哩的山路,乘了足足四小时的汽车,才到雅尔达。但是在这长途中,一面为峭壁危岩的高山,一面为深绿无际的黑海,汽车由山岩旁的坦平汽车道上溜过,景致绝佳。汽车经过最高处为山上一个山洞,像一个大石门似的,高出海面约近两千呎,叫作"背达门"(Baidar Gate);一出这个石门之后,路势倏然下降,半岛的南岸几乎全部在望,而黑海更像全在我们的脚下了,景象伟丽,得未曾有!

在途中时,大家挤坐在一起,东张西望,赏心悦目,不觉得疲倦,也许是忘却了疲倦;可是中午到了雅尔达的时候,汽车停了下来,大家才叫着坐得腰酸脚软!但是一下了车,精神又为之一振,因为空气的清新,风景的美丽,阳光的和煦,清风的爽朗,我们竟好像到了瑞士!雅尔达原来是在一个山麓,我们所住的旅馆,后面便是碧绿的山,前面便是碧绿的海(只隔着一条平坦清洁的柏油马路),我们是陶醉在碧绿的环境中了!尤其使我兴奋的是在马路上所见的从游泳沙滩上回来的或刚去的男男女女,有的拿着大毛巾,有的拿着一个放衣服或毛巾零物的小提箱,多是些粗手粗脚的工人,或土头土脑的农民,这提醒我们是到了开放给勤劳大众的休养胜地了!

一九三五年三月三十日夜,伦敦

笔尖斗士：邹韬奋自述

雅尔达

克里米亚半岛是全苏联最美丽的区域，而雅尔达则为克里米亚半岛上最美丽的区域。这最美丽的雅尔达，后面有四千呎的高山为屏障，前面是半圆式的凹进，被黑海包围着，差不多没有一所屋子没有花园，青山碧海，全城浸在青翠的环境中，沿着海滨便是无数的游泳沙滩（有的上面是卵石）。

我们于八月二十日初到的下午，旅伴中就有不少对着这些游泳沙滩跃跃欲试的男女朋友们，二三成群的，分往一试身手。我也被几位朋友拖去。我的游泳功夫虽十分"蹩脚"，幸而在中学时代，有一个暑假住在上海青年会的学生寄宿舍里，曾经学过一些，不然，被这些英美的男女朋友拖去，倘只作"壁上观"，却是一件难为情的事情。可是他们胆大，敢游到几十码以外的海面去，浮沉自如，纵横如意，我就只敢在海滨近处游游，免遭灭顶之祸！我在雅尔达三天，被这班朋友的劲儿所鼓励，几乎每天于参观余隙，都随他们到海滨去游泳一些时候。这种游泳也确是异常舒服。岸上像黄金似的铺满了阳光，脱去衣服，晒得暖暖的，往海里一钻，那水里的温度，使你好像冬季钻在温暖舒适的被窝里一样，简直舍不得出来！最自然的是在好几处的沙滩上，苏联的男女游泳者都不穿游泳衣，全身脱得精精光，习惯成自然，大家一点不觉得奇异。许多美国来的男女朋友更喜欢依法炮制，因为在美国是要受警察干涉的，在这里便尽量地可以这样自由（英国男女本来是比较守旧的，到此也受着环境的影响，不再守旧了）。我临时买的一条游泳短裤，也被一位朋友抢去，不许穿！我也只得追随着他们做做"自然人"了（其实一人如单独穿着一条短裤，反而为众目所集中，本来也不能穿）！赤裸裸一丝不挂，夹在许多男女朋友里面摇摇摆摆，谈的谈，走的走，大家很自然，我至少也要装作很自然的样子，后来的确也真觉很自然了。这倒是我生平破题儿第一遭！这些英美的男男女女，人人都会游泳，而且都兴会淋漓，这也是他们体格健强的一个原因吧。

在雅尔达的海滨游泳当然是一件愉快的事情，但是我的目的不在游泳而在参观——有的美国学生竟用全日工夫在游泳里面，或至少有许多时候在海滨上——八月二十一日第一次所参观的是列伐低亚（Livadia）。这是帝俄罗曼诺夫皇朝最末了的一个皇帝尼古拉第二在最美丽的雅尔达遗留下来的一个最美丽的别墅，现在却成为工农大众的一个最好的疗养院了！

这个别墅建筑于一九一○年，全部用白色音克门石（Inkerman）和大理石建成，屋为三层，周围是奇花异草艳美无匹的花园。从花园到这三层的宏丽皇宫，有一个门在从前是专备俄皇一个人用的。在这门口地上有个马蹄铁（即马脚下钉着的铁蹄，像U形吸铁一样），据说是尼古拉第二亲手钉的。欧洲有一种迷信，认为拾得马蹄铁是好运道的吉兆，要把它钉在门口，但是要把U

的形式开口处向内，认为这样好运道才会向里跑。有着同样迷信的尼古拉第二却把这马蹄铁钉得倒置了！他是最喜欢酗酒的，这大概是他刚在喝醉时糊涂的表现；但是他既是炙手可热的皇帝，当时谁也不敢说他错了。有人说，他的好运道就从此向外跑了！尤好笑的是这个"皇帝专用"的门内的大理石建造的楼梯，特别地阔，石级可特别地低，据说这是当时有意地这样造，因为这位"沙皇"常常喝酒喝得烂醉，这样他登梯或下梯时可用最少量的力气，踯躅着上上下下！这可说是替懒皇帝想尽懒法子！

这皇宫内部装设的富丽，那是不消说的。楼上皇帝、皇后及皇太子、公主等等住的房间，都是朝着黑海海滨最美的景致。各房间里的墙上都用很讲究的木板装着，花样和颜色须和各房间里所摆设的器具调和融合；而各房间里的布置，并且须和这房间里的窗上映进的外面美景调和融合。但是尼古拉第二到底好像真是"好运道向外跑"，虽有这样富丽精美的别墅，他自己只到过这里三次，每次时间都不久，还是他的家属住得久些。可是吸尽人民的膏血以供一人及少数寄生虫的豪奢纵欲，总算发挥尽致了！

现在这别墅作为工农的疗养院，可容一千五百人。各房间里的布置仍可看到原来的东西，但各房里却多了一样东西，那便是一排一排的小铁床，上面铺着洁白的被垫，好像医院里的样子。里面有的是男工人，有的是女工人（另聚一室），有的是乡间来的农民。这个疗养院原指定偏重农民疗养之用，所以在冬季几乎全是农民来住。他们是由全苏联各地来的，来住在这里，不但膳宿完全免费，就是来往的旅费，也不必自己挖腰包。这种优待，当然是那些工作特优，或为"突击队"队员，工作过劳，在例假中由工会或集体农庄送来享受的。这里有医生，有看护，有病的可在此养病，没有病的也可来此休养，饱览附近的山水。这是工作后的休养，和从前仅供少数剥削的有闲阶级来此消磨无聊的时光，作用便大大地不同了。

尼古拉第二从前所用的浴室，现在做了这个疗养院的院长办公室！浴室和办公室是多么不相干的东西，竟可交换，也是一件趣闻。我们和这院长谈话时，便都挤在这个尼古拉第二的浴室里！院长穿着白布外衣，和医院里的医生一样。

尼古拉第二的卧室，天花板、地板和墙上都是用极精致柔滑的黄杨木（box wood，很像柚木）造的，墙上并装满着镜子，因反射作用，好像把窗外的海景、山景、园景都吸收在这个房间里。现在这个房间里排着七个铺位，做了女工休养的卧室。

从前皇帝和皇族用的非常讲究的餐室，现在当然也做了工农劳动者的公共食堂了，每次可坐二百二十人。

这宫内的各部分的建筑的形式和装设，还有不少的花样，有的是罗马式，有的是文艺复兴式，有的是威尼斯式，等等。我们看到所谓"意大利区"（Italian Quarters），该处的厅堂、天井、走廊等等的建筑布置，当然都是照着意大利的，特别典型。在走廊上有一只长石椅，据说由著名建筑工程师某打样监造，最初他依照所谓意大利式的真典型造成了一个石椅，尼古拉第二看了觉得太简单，嫌不好看，叫这位工程师来训斥一番，打他一个耳光，命他撤去，另造过一个。这工程师气极了，当面又不好发作，便另打过一个新样，并不合于什么意大利式的真典型，在石椅两头的靠手上加了两个石刻的狗头，而且狗脸的特点（如额角、鼻子、嘴角、眼神等等）却和尼古拉第二自己的脸暗合！造好之后，这位糊涂皇帝认为满意！全宫的人都看得出，只抿着嘴暗笑，但因为怕犯"天怒"，不敢说明。至今这"皇帝式的狗脸"还存在，仔细瞧瞧，确和相片上的这位糊涂皇帝的脸暗合！

我们在音乐室里遇着一个女人在那里弹钢琴，旁边一个男工人立着倾耳静听。我们围聚着和他们谈谈，知道男的是金属工人，因他成绩优异，已三次到克里米亚休养：第一次在一九三一年，是由厂里的工厂委员会保送的；第二次在一九三二年，是由厂里的经理部保送的；这是第三次，是由金属工会保送的。那女工是某厂里的突击队队员，因在第一次五年计划中成绩优异，能独出心裁想出好法子，替厂里减少材料的消耗，由工厂委员会保送。两人都将在这疗养院里住一个月。据说如有一定的疾病，由医生指定最适宜疗养区域；无疾病而只要休养的，可自选地方。我们问了几个问题之后，那女工也提出两个问题来问几位美国朋友。一个是他们来苏联游历有什么目的？这个问题，他们很一致地答复了。还有一个问题是："你们有同样的权利（按指优待工人如住在这疗养院等等）给你们的工人们吗？"这问题却引起了不一致的答复。有一位在纽约做青年会总干事的某君答说有，有几个思想清楚、不愿说门面话的美国人老实说没有。这位青年会总干事对几个美国人轻声低语道："你们不要使他们看不起美国啊！"这几个美国人和这位总干事先生竟争做一团！那苏联的男女工人睁着眼发怔，莫名其妙！

在这皇宫外面沿海的一带还有一条所谓"御道"（Tzar's Road），长约一哩，是一条很平坦的沿着海滨穿着丛林的马路，据说是专备尼古拉第二散步用的,故称"御道",在从前当然也是禁地。从不梦想做"皇帝"的我们,也大踏步在这条"御道"上散了一回步!我对同行的巴尔和柏西说,那常在烂醉中的尼古拉第二能否真在这里散步,倒是个疑问;我们却真在这里散我们的步了。我们在这"御道"上时时碰着一二十或二三十成群结队的男女工人或农民,也在来来往往游行着。个个平民都做了"皇帝"了!

一九三五年四月二日晚,伦敦

> 笔尖斗士：邹韬奋自述 »

由大瀑布到大工厂

我决定于七月六日和保柏一同乘汽车由纽约出发。那天午饭后他开着自备的汽车到我的寓所门口，我早把箱子零物收拾好了。他到后，帮我把箱物搬上汽车，放在车后的车箱里，我们两人便并肩坐着出发，由他自己开车。我们的路线由纽约向北，由热闹的街市而渐入旷野的公路。在美国用汽车旅行是一件很便利而愉快的事情，因为他们的公路实在造得好，都是柏油路，平坦广阔，贯通全国，两旁树荫夹道，汽油站随处都是。有许多地方不必住旅馆，有人家把余下的房间出租，门口贴着"Intourist"的招贴，里面清洁讲究，价钱比旅馆便宜得多。大概双榻的房间每夜一圆半到两圆金洋，单榻的房间每夜只须一圆。保柏虽是富家子弟，但是使我诧异的是他比我会打算盘得多，每夜停下来的时候，他总是要寻得最便宜的房间住下，而且要两个人住在单榻的房间。不但住房间而已，一切的事情都会打算盘。我和他一同旅行，不但得到他的许多指示，而且还省了不少的费用（虽则他在自己国内，这次西游也是第一次旅行，但是他究竟是本国人，一切都比较地熟悉些）。

我们第一夜在纽约州的首都奥尔巴尼（Albany）歇息。奥尔巴尼是在纽约州东部的中段，我们第二日便由这里折而向西，望着尼亚加拉大瀑布（Niagara Falls）所在地的布法罗（Buffalo）开驶。这样自东而西地穿过了纽约州，于当夜八点钟达到了世界著名的尼亚加拉大瀑布。引起我们兴趣的是我们的汽车还在离开瀑布好几哩，就听到瀑布的吼声！到了那个地方，我们急急把汽车安顿之后，虽已上了灯火，仍赶到瀑布前面去欣赏一番。游览的人数十成群，在那山崩海裂似的澎湃声前惊叹着。这个大瀑布分为两部分：较大的部分在左岸，叫作马蹄瀑布（Horseshoe Fall）；这部分的瀑布高一百五十五呎，阔达二千六百呎。还有一部分在右岸，即称美利坚瀑布（American Fall）；这部分的瀑布高一百六十五呎，阔约一千四百呎。这大瀑布的水是很清的，映着阳光，格外美丽，格外显出自然界的伟大的美。左岸是属于加拿大的安大略省（Ontario），右岸是属于美国的纽约州。两方面的政府并在瀑布的周围开辟公路，种植树木，更增加环境的美。我和保柏都觉得当夜匆匆一看，未为满足，所以找了一个人家歇息一夜，第二天又游览了半天。我早已准备好通过加拿大境的护照，所以可以到两岸任意纵览。在大瀑布下有汽油船备游客乘着在瀑布附近驶过。游客在船上须穿着他们备好的厚油布罩衣和厚油布罩帽，因为汽油船驶过瀑布前面时，水花飞溅，要使乘客全身尽湿。尤其有趣的是他们在大瀑布奔过的岩石中凿成山洞，在洞里接近大瀑布的地方开成方形的大窗，大瀑布的水在窗口汹涌着往下奔，站在大窗里的人好像置身水帘洞里面，煞是好看！游客要到这洞里去看，也要穿着他们备好的橡皮靴、橡皮外套，并戴上橡皮帽，因为洞里是很潮湿的，逼近瀑布的大窗口，更是水花四溅，一不留神，大浪花向你直冲，回避不及。入洞的时候，是由电梯向地下降落下去的，洞里装有电灯，所以并不黑暗。汽船和山洞，游览的都要另买票子。我们乘了汽船，又钻了地洞，畅快地游了半天。我们都是初次来游的，所以具着同样的惊奇的情绪。在地洞下的大窗口时，尽量挨近瀑布的"怒潮"，好像置身狂澜里面，和保柏只能在水花朦胧中相视而笑，彼此说话都听不见了。

据说到这个大瀑布游览的，每年总在两百万人以上。但是我们仔细观察那些游客，多是所谓有闲阶级，这个现象不免引起我和保柏在苏联名胜雅尔达所见的回忆。在雅尔达，你可以看到工农大众以及一般工作者享用名胜的快乐景象，这当然不是在今日的尼亚加拉大瀑布所期望得到的。我在这里特加"今日的"这个形容词，因为看到美国革新运动在这几年来的猛进，依这个大势所趋，尼亚加拉大瀑布开放给大众——大众都可有闲暇和力量来享受这个自然界的伟大的美——并不是没有这一天的。保柏是非常热心于美国革新运动的一个青年，他表示和我有同感。

我们在七月七日的下午离开尼亚加拉大瀑布。我们其次的目的地是福特汽车公司所在地的底特律。由尼亚加拉大瀑布到底特律，原可有两种走法，一条是沿着美国境走，一条是沿着加拿大境走；这两条路都可沿着伊利湖（Lake Erie）走。我们因为要借此机会多看看加拿大的地方，所以决定沿着加拿大境走。我们觉得加拿大的公路不及美国的好，田地也不及美国境内田地的碧绿。汽油站也不及美国境内的多，我们其初不知道有这样的情形，未曾充分地装满汽油，途中很怕汽油不够，后来还算好，未曾陷入困境。我们长时间沿着光平如镜的伊利湖驶着，清风徐来，碧绿无际，驶了半天，还没有走完，天已经黑暗了下来。于是在一个沿湖的小镇，叫作圣·汤马斯（St. Thomas），找了一个人家过夜。我们歇下来的时候，已在夜里十一点钟了，大家洗了一个澡，还看到当天的本地的日报，叫作《多伦多明星日报》（*Toronto Daily Star*）。圣·汤马斯是个小地方，只有一万六千余人，和安大略省的首都多伦多相近，所以就看首都出版的这个日报。据这个报上的公布，每日销数有二十五万份之多。多伦多的人口不过五十万，一家报的每日销数就有二十五万份，可以窥见那里人民教育程度的比较地高。依此比例，中国应有每日销到两万万份以上的日报！

在这天的《多伦多明星日报》上看到关于美国煤油大王洛克菲勒的一段消息，说他最近（指当时）做九十六岁生日那一天，取得人寿保险金五百万金圆！一个人的保险费竟达五百万金圆，合华币有一千六百余万圆之多，这数量总算是可惊的了。在同一报上的同日的消息，说安大略省有六百处的"失业救济营"（即失业者做苦工糊口的地方），因待遇苛刻，全体罢工，要求的条件是每天要吃三顿。做着苦工，连饭都吃不饱，这是怎样的一种情况！再和一个人的保险费收入达到一千六百余万圆的事实对照一下，这又是怎样的一个世界！保柏对着这样的消息，握着他的拳头，咬着牙根表示他的愤慨。

怪有趣的是看到当天这个报上的评论，居然提到中国的民权保障同盟！这篇评论的题目是《民权的微光》（*The Twilight of Civil Liberty*），这大概是该报站在舆论的立场，替加拿大的人民作民权的呼吁。那里面有这样的几句话："就是在中国，据记者知道，也还有个民权保障同盟，我们希望加拿大对于民权的保障，不要后于中国才是。"我看了之后，叫保柏也看一下，他也很兴奋地表示奇异，说这是多么凑巧！

我们于七月九日上午十一点钟离开圣·汤马斯，仍沿着伊利湖向西南进行，傍晚到底特律。我们此时已由纽约州，经加拿大的安大略省，踏进了密歇根州（即底特律所在地）。我们到这个地方的目的，是要看看福特的汽车厂。该厂原设有参观招待处，但是如有相当的人介绍，更可以看得详细些，所以我在事前已设法得到一封介绍信，替我们介绍的是在纽约的一位朋友，写给福特厂里的一位工程师。我们到了之后，先去找这个工程师。他倒非常殷勤，答应第二天介绍我们到厂里去参观。他是一个极端崇拜福特的人，几于把他看作"万家生佛"似的，保柏和我听了，都不禁目笑存之，因为我们知道他的脑袋里所积蓄的毒素不是一朝一夕的事情，一时和他也讲不明白，所以在那个时候不想对他有所辩难。

尼亚加拉是美国的最大的瀑布，福特汽车总厂可算是美国的最大的一个工厂。这总厂的面积达一千英亩以上，所用的工人有六七万。此外在美国还有三十四处分厂，工人总数也有五万人。全部工人共达十万人以上（据说最盛的时候共有工人近二十万人）。这十几万人劳动者的血汗，便是造成拥有二十万万金圆财产的大资本家福特的来源！他在三十年前（一九〇三年）初建立汽车厂的时候，额定资本十万金圆，实收资本只有二万八千圆。到一九二四年有企业家愿出十万万金圆购买他的厂，被他拒绝。

在一九二七年，有人估计该厂的营业值十五万万到二十万万金圆。当时据《纽约世界报》（New York World）所估计，福特的收入每一分钟约有两百金圆，每一小时一万一千四百十五金圆，每天二十七万三千九百七十六金圆，或每年约有八千万金圆。福特汽车厂素以高工资自负，说每天平均工资有六块金圆，这种自负的实际情形，下面再谈。即以此六块金圆而论，每日赚六块金圆，工作五十年之久，还要一万一千五百个工人，才赚得到十万万金圆！福特初办该厂时，有一个名叫格雷（John S. Gray）的，投资一万零五百金圆，十六年中所分得的股息和股本便有三千六百六十万余金圆；依他所投的资本计算起来，年利竟达两千一百七十分（百分之两千一百七十）！他所得的利润，比福特所得的可谓渺小得不足道，福特剥削所得的可惊，更可以概见了（后来福特连小股都买去，成为完全独占的公司）。福特汽车厂不但是汽车厂而已，有自己的铁矿，有自己的煤矿，有自己的森林，有自己的铁路（仅在厂内的铁轨已有九十二英里长），还有自己的轮船。

我和保柏于九日的清早就如约到这个美国第一——同时也被称为世界第一——的汽车厂去参观。我们因为有人特为介绍，所以看得特别仔细。当然，我们并没有工夫看遍，只能看看比较重要的几个部门。据说那天被我们看到的，其中有两个部门，平常是不大肯给来宾看到的：一个是熔铁工场，一个是翻砂工场。我们看到这两个工场的时候，所得的感触也特别地深刻，因为这两个工场里面的工人工作特别地苦；炉火逼人，不可向迩，而工人在炎热逼迫之下，头面和全身都流着像豆一样大的汗，有的身上烧焦，甚至溃烂，还包着纱布，埋头苦干。有许多眼白都变成红色，眼泪总是横溢在眼眶里，同时还要用极紧张的速率工作着。这两部门的工人几于全部是黑人，过的简直是非人的生活。其他各部门的工作，虽不及这两部门的惨苦，但也都是紧张得很。我们知道福特汽车厂的一个重要特色是用"皮带运送"的急速办法，用机器来就人，不是由人来就机器。例如工人排列着做工，每人专做一个部分，或一个机件，一个做完，这东西便由皮带自动地运送到第二人的前面，他必须很紧张地接着做他的部分。这样，工作的速率不能由工作者自定，是由自动的机器逼着你非快不可（该厂共用着三百五十五英里长的皮带运送机）。这是剥削工人的所谓"赶快"的办法，我在以前曾经谈过，想诸君还记得。用着这样的"赶快"法剥削，表面上虽说是八小时的工作，实际上却等于十小时或甚至十二小时的工作。因此在表面上，福特厂的工资虽似乎比别的地方高，在实际却同样地，或更厉害地，榨取着工人的膏血。福特靠着这十几万工人的血汗，得到了二十万万金圆的财产，在替他创造这巨富的工人们，现在是处在怎样的境遇呢？自从经济恐慌发生以来，他任意一大批一大批地开除工人；前三四年（大概是在一九三二年），有一次被开除的工人结成"饥饿队"，用和平的方法，带同妻子，到他的厂前要求工做；如无工可做，也要求酌给失业救济，以延残喘。你想这位"万家生佛"的福特先生用什么方法对付？他所雇用的警察竟不加警告，对向后退的失业工人和他们的家属妇女们开机关枪扫射！后来工人们替死者举行集团丧葬，这是多么惨酷的事实！

我们看完了工场之后，还到经理办公处去"巡阅"一番，那里面不但光线充足，空气新鲜，而且都装有最新式的冷气管，走进去使人觉得十分阴凉，不知道是在夏季，和刚才所看见的工场情形，尤其是熔铁工场和翻砂工场，简直好像有着天堂地狱之别！

　　保柏参观这个工厂的时候，他的好奇心、研究的兴趣和愤慨的情绪，都和我有同感。这是因为他对于美国社会制度的真相，能用最前进而正确的社会科学原则，加以客观的视察和判断。他和我共同考察和共同研究的时候，他的态度全是把我们彼此看作人类的一员，一点不含着替美国现实有所掩饰的意思。我们回到寓所之后，还共同讨论了好些时候。我深信保柏这样的视察，必能使他对于美国现社会有着更深刻的认识，并能增加他对于革新运动的信心与勇气。

　　一九三七年一月至三月写于江苏高等法院看守分所

▶笔尖斗士：邹韬奋自述 ▶▶

又看到几个"大"

  我们于七月十日下午两点钟离开底特律，沿着密歇根州的南部，朝西向着伊利诺州的芝加哥开驶。中途因汽车出了毛病，在索斯奔德（South Bend）的一个汽车行里修理了一两小时，继续开行。因为要赶到芝加哥去会齐一位预约的朋友，所以这一夜全夜开行到天亮。整夜地乘着汽车赶路，这在我算是第一次。美国的公路造得很好，我以前已经说过；就是在夜里，乘着汽车来往的也不算少，所以虽在静寂的深夜，仍不算怎样孤单。不过近城镇的公路上有路灯，过于偏僻荒野的地方便没有路灯，就是有也很稀少，所以在夜里开车却需要特别熟练的技术。汽油站在夜里也一夜开着，门口有着特别令人注目的电灯。我们一直开到十一日的上午五点钟，才到了我们的目的地——芝加哥。

  保柏这次西游的计划，只到明尼苏达州（Minnesota）的明尼阿波利斯（Minneapolis）为止。他打算在这里勾留两三星期，参加关于组织农民的工作，随后便要回到纽约去。他这样的路程，只占到我的路程的一半模样，所以我要预先打算过了明尼阿波利斯之后，另有伴侣一同到旧金山去。事有凑巧，在纽约时就另有一位美国朋友叫作纪因的，他已约了一位好友同乘汽车旅行，旧金山是他的最后目的地，而且说汽车里还有一个空位可让给我用。不过他的动身日期比我和保柏的略前，所以他先走，约我们在芝加哥相会。纪因也是参加过美国全国学生同盟到苏联去视察的，我在莫斯科和他认识，我们同在莫斯科暑期学校听讲过。他所学的虽是医学（在当时还有一年毕业），但是对于新社会运动也具有异常高的热忱；他虽不是美国最前进政党的党员，却是一个道地十足的同情者。有他接下去做旅伴，那是再好没有的事情，所以我在纽约的时候便和他约好。不料我们到芝加哥以后，按照原约的旅馆地址去找他，却找不着。大概是因为他等候我们过久，先往明尼阿波利斯去了。我们既遇不着他，便先在芝加哥进行我们自己的程序。

　　我们到芝加哥停车的时候，天刚刚亮。我们找着一个小旅馆，先由我定下了一个房间，把零物放置之后，即匆匆出门访友。保柏是美国最前进政党的青年团员，他先要到党部去看看，我也陪他一同去。因为调查劳工的情形，这往往是一个最好的地方。他和他们虽也不相熟，但是因为同志的关系，晤见倾谈之下，便一点没有什么拘束，和久交的好朋友一样。尤其有趣的是那里有一位黑同志（黑人，美国只有在最前进政党的各机关里，黑白两种人才有平等服务的机会），非常殷勤地对保柏说，他的家里可以让他住一夜，无须再住客栈。特别会打算盘的保柏对于这位黑同志的热心招待，完全接受。所以那天夜里，我住原来定好的那个旅馆里，他却欣欣然跑到那位黑同志的家里去享受他的招待。不料第二晨他跑回旅馆来看我的时候，竟叫苦连天！原来那位黑同志家里破烂不堪,床铺上东破一个洞,西缺一块板;尤其难受的是臭虫彻夜"操演"不绝,以致他不但没有睡着,而且他那两个臂膊也特别膨胀了起来!我仔细看看,他的有一边眼皮上似乎也出了毛病。保柏当然不肯埋怨那位热心招待的黑同志,他只是同情于那位黑同志的艰苦生活,愈感觉到革新运动的必要。

连日看了美国的最大的瀑布,最大的工厂,到芝加哥后,又看了美国最大的报纸,它的大名也许是诸君所耳熟的,就是《芝加哥论坛报》(Chicago Tribune)。这个报自称是"世界上最伟大的报",这自称是否正确,虽还待考,但是它在美国可算是最大的报!而且是最富的报,那是无疑的,虽则它同时也是美国一个最最反动的报!

《芝加哥论坛报》在英文又简称为《论坛报》(Tribune),它的四百五十六呎高的三十六层摩天高楼巍然建立于芝加哥的密歇根路(Michigan Avenue)。在地面之下还有七层,专备印刷、藏纸、发电机等等之用。这所雄伟的建筑用了九千余吨的钢铁,一万三千余吨的石头。每日在这个大厦里工作的有三千五百人,其中有三千人是专为《论坛报》工作的,其余的五百人是房客和房客的雇员。所以这个报馆简直好像是一个小小的城市。这个小小的城市有一个图书馆,一所邮政局,两所电报局,此外还有许多店铺。这报馆里面的工作完全电机化,印刷机固然是用电,就是五十二磅重的铸成的铅版由铸版机装上印刷机,也都是用电机运送的。几百吨重的纸,也是用电机运送。此外他们并且利用电机把新鲜空气输入各部分的办公处或工场里面去。报纸印好之后，也是用电机自动地运送到邮包间或发报处，每星期出版五百万份。

这个报的附属事业很广大。它在加拿大有三千方英里的森林，备造纸之用。有自备的轮船把斩下的木头运到安大略省的索罗德（Thorold），利用尼亚加拉大瀑布的水力，在自备的造纸厂里把木料制成报纸，然后用轮船或火车运到芝加哥。我们去参观该报馆的时候，他们先请看一小时的电影，就是表演由森林而木头，由木头而报纸的种种制造过程。在那里面你可以看到他们所有的森林的广大，造纸厂的宏伟（这个影片曾在上海开演过，想上海报界同人也有不少人看过）。

看完电影之后，该馆有穿着讲究制服的招待员引导你到各部门去参观，那天我们遇着的招待员刚巧是美国某大学的毕业生。他是一个比较"开明"的青年，毕业未久，还有多少朝气，被我和保柏渐渐探得他的话语，知道该报馆最忌有新思想的青年，凡是比较前进学校毕业的学生，他们决不录用；比较有一点新思想的青年，他们也避若蛇蝎。

芝加哥除了一个最大的报外，还有一个最大的屠场，叫作联合屠场（Union Stock Yards）。据说这屠场也是世界上最大的一个。这里的大量屠杀也是尽量利用机械。最龌龊和最艰苦的工作也多由黑人做。杀起猪来是几千只一杀。由黑人继续不断地把一只一只猪的两后腿挂起来，由自动机把这个挂着的猪运送到第二处，另有黑人手上拿好一把尖刀向溜过来的猪喉一刺，那只猪再由自动机向前送，按着次序，去毛的去毛，挖肚的挖肚，肢解的肢解，都是利用着各种的机械，加上极狭窄的分工的人力。不到两三小时,一只活泼泼的猪,已可装好罐头或用其他方式运上火车了!那个拿着尖刀刺喉的黑朋友,我看他一生恐怕就只学得那一刺的技能!未刺以前,猪又好像自动地溜过来就他;既刺以后,猪又好像自动地溜开他。我觉得在这个屠场里面,也用了福特汽车厂里所用的"皮带运送"机的"赶快"法,虽则一方面是把汽车的各部分用机械和极细的分工逐部造成拼好,一方面却是把一只畜生的各部分用相类的法子逐部割开或拆散。这屠场的剥削工人和有组织的工人团体对于这屠场的抗争,也是美国劳工运动中时被提及的一件重要的事情。

在这屠场里看到杀牛,先把巨大的锤在牛脑上猛击,把牛打昏倒下。然后再进行其他部分的手续。这"打倒"的手续乃是用着很迅速的方法,排着队伍的牛继续不断地在一个狭弄似的黑暗中向前跑,跑到一段,旁有一门,在那门口就有个巨锤,把它打昏,从这个门边跌出来,便立刻有自动机把倒下的牛运走,以备继续进行其他部分的工作。猪的后脚被挂上时还知道急叫几声,像牛的这样死法更是死在糊里糊涂中。

在芝加哥看过了两"大",我们便于十三日的下午三点钟和它告别了。我在临走前,从旅馆的楼上乘电梯下去,准备到账房间去结账的时候,开电梯的那个美国人还不知道我就要走,轻声问我要不要女子!我问他什么女子,他笑着答说,"良家妇女"("Family girl")。我虽无意于"欣赏"什么"良家妇女",却因好奇心,问他多少代价,他再笑着答说:"只要五块钱。"我说我不想要,因为我立刻就要动身。我下去之后,刚巧保柏来了,我把这段"新闻"告诉他,他摇头叹息。这在他当然又是一种不胜愤慨的材料。

我们十三日离开了芝加哥后，沿着威斯康辛州（Wisconsin）的东部向北进发，经该州的密尔瓦基（Milwaukee）折而西，穿过该州，至十四日的下午八点钟才到明尼阿波利斯。这个时候天暗得迟，才近傍晚。保柏原得有介绍信，可住在参加农民运动的同志的家里去，并劝我和他一同去住。我这次西游，对于美国农民运动的调查，原是我此行的程序里一个重要的项目，能得到机会和参加农民运动的人们接触，倒是一件很好的事情，所以便欣然接受了保柏的建议。我现在很愉快地回想着，当时这个机会的确给我很大的益处，因为我借此能够碰到美国农民运动的几个最前进的健将和领袖，由此获得不少关于这方面的可贵的材料。

保柏所找的那位同志是一位女的，名叫麦夏尔，是一个已结婚的青年女子。她虽有了一个孩子，还在襁褓之中，但是她对于农民运动却非常出力，是美国最前进的农民集团名叫联合农民同盟（United Farmers League）的健将之一。我们到她的家里之后，由她殷勤招待，亲密得简直好像是家人姊弟一样。保柏和她也是第一次见面，不过有可靠的同志作恳切的介绍而已，可是因为思想上的共鸣，志趣上的相应，精神上的融洽，一见面就那样亲密殷勤，看着令人欣羡感动。我因为是保柏的好友，也承她以同志看待我。她看见我们两人长途风尘，面孔和衣服都蒙着尘土，赶紧到橱里拿出雪白的大毛巾，新的香皂，备好热水，叫我们盥洗一番，再三叫我们不要拘束。洗好了之后，她又忙于留我们同吃晚饭，同时还忙着告诉我们关于农民运动的情形。她那样精明干练和热烈的情绪，一和她接近就完全感觉得到；我简直不觉得她是一个初见面的陌生的朋友,却好像和她相处了好几年似的!我们同用晚餐的时候,同座的还有三个青年女子,都是热心于美国的革新运动和农民运动的同志。我们的谈话材料都集中于农民运动的概况。据说关于美国农民的组织,较重要的有所谓庄园协会(Grange)、农民组合(Farmers Union)、农民假期会(Farmers Holiday Association)、联合农民同盟。庄园协会偏重在改良农业方法。农民组合偏重于提倡合作社事业。农民假期会的工作一向重在设法延请律师和巨商替农民和保险公司及银行之间任仲裁之责。这两个组织的性质偏于改良主义。只有联合农民同盟是最富于战斗性的。一九三二年由各地农民组织的代表会议选出全国农民行动委员会(Farmers National Committee for Action),旨在促成各种农业组织的联合战线,对于当前的切身问题作积极的斗争。她们还谈到经济恐慌尖锐化之后,农民所受到的种种痛苦的事实。有人平常想到美国的青年女子,也许以为不过讲究舒适奢华的个人主义的生活,但是听到这些妙龄女子对于农民问题讲得头头是道,如数家珍,判断正确,主张切实而适合于当前的需要,竟使人觉得那样的认识和思考简直不像能出自这样天真烂漫而稚嫩的青年女子的口里!美国青年心理的转变,在这种地方也很可以见微知著了。

晚饭吃完了,话也谈了不少,麦夏尔女士又忙着替我们安排住宿的地方。上面提及的三个女子当中,有一个名叫玛利,她的父亲柯勒尔,原来也是联合农民同盟的健将,而且是更重要的人物,他就是这同盟的干事(或译称"书记"),这时正因公在外埠奔走。玛利自告奋勇说,她可和她的母亲同睡,把她自己的卧室让出来给保柏和我住宿。她的好意，不待我的思索，保柏已很迅速地接受了下来。我们在明尼阿波利斯的住宿的问题便这样解决了。

我们到了玛利的家里，不客气地占用了她的卧室。她只是一个十七八岁的女子，听说还在高中求学，但是在她的卧室里，随处可以看见不少的前进的书报，虽则女子的性格总是特别爱美的，那里面也夹着不少美的图片和相片，有的悬在墙上，有的排在桌上或橱上。不但她是一个热情可敬、和蔼可亲的富于革命性的青年女子，后来知道她的老母也是一个异常同情于革命的妇女。她的全家简直是一个革命的家庭！我和保柏都赞叹不置。她们总是很殷勤地留我们用早餐，虽则午餐和晚餐我们都在外面吃，因为我们白天总是在外面奔走着。

我们第二天上午跑到联合农民同盟的办公处去看看。在那里固然碰着麦夏尔女士和她的共同努力着的几个同志，但是尤其使我们惊喜的是我们竟在那里无意中碰着纪因！大概这种地方是前进的人们所喜到的，所以十分同情于革新运动的纪因踏进了明尼阿波利斯，也跑到这个地方来。我们不但碰着了他，还承他介绍了从纽约同来的好友赛意。原来联合农民同盟正在筹备开一个大会，有数千个的信封待写，纪因和赛意都自动地在那里帮他们写信封。我和保柏也留下来加入他们的工作，各人很起劲地大写其信封。我固然是一个偶然的客串，没有多大意义，虽则我有机会替这种新运动做一点事情是很愉快的。至于这些自动尽义务的青年们，却含着很重要的意义。我以前曾经谈过，在纽约可以看见有不少男女青年自动尽义务推销前进的报纸《工人日报》，以及其他为革命集团干着种种尽义务的事情。这些青年们虽在旅行的途中，遇着工作的机会——替新运动干些任何工作的机会——他们就自愿地抽出一些时候，欣欣然来干一下；虽机械的工作像写写信封，他们也很高兴地干着。我觉得这种自动的精神是最值得我们深思的。我被他们的这种精神所感动，居然也随着保柏在那里尽了一整天的义务。

夜里回到寓所，知道柯勒尔先生回来了。纪因和赛意也来访问我们了，我们便和柯勒尔围着倾谈。除了我和纪因外，他们都是党同志。柯勒尔有五六十岁了，头发已斑白，诚恳而热烈，和他的爱女及爱妻一样。我实在觉得他的可敬可爱。他殷殷问了关于中国民族解放运动的情形，表现着十分深切的同情和希望。他还指示我和纪因西行的途径，并替我们写了好几封得力的介绍信。

写于一九三七年一月至三月江苏高等法院看守分所

第二辑　西行杂谈

美国青年运动

十五日夜里，我们几个人和柯勒尔谈到深夜，参加的除保柏和我外，有纪因、赛意、柯勒尔夫人和她的爱女。我们围坐在那个小小的客厅里，谈笑风生，简直忘却了时间。保柏依原定计划，决留在明尼阿波利斯，不日即转赴乡间去工作。我和纪因及赛意便于十七日的下午两点钟离开这个地方，不得不和这一群可敬可爱的朋友们告别了。

纪因和赛意都不过是二十几岁的青年。说来凑巧，他们两位有一点都和保柏相同，都是富家子弟，却都富于革命的精神。纪因的为人，我在上面已略为提及，赛意也同样是个非常可爱的青年。他是德国种，移民到美国的，满头的黄金色的嫩发，一对特别绿的眼睛。他的认识非常正确，判断非常敏锐，待朋友却非常和蔼。纪因研究医学，赛意研究法律。他们对于父亲虽都亲爱得很，像纪因每天要打一电报给父亲报平安，并略述途中情况，但是他们谈到资本主义社会对于劳动者的剥削，却毫不客气地把他们父亲的剥削方法和盘托出，"如数家珍"，作为引证，因为他们的父亲也都是资本家！这真是一件怪有趣的事情。

他们两人都于七月四日在底特律参加过第二次美国青年大会

（Second American Youth Congress），他们这个时候正从那里开完了会来的。这个青年大会，在美国民众运动里面占着很重要的位置，我本来也打算去看看，可惜因为其他事务的羁绊，未得如愿，现在遇着这两位朋友，却听到不少关于这个会议的情形。

这次青年大会有三四千代表参加，代表美国各地青年一千三四百万人之多，规模之大，可算是美国有史以来青年聚会的空前盛况。数量之广，为前此所未有，这还在其次；再从质的方面看，更重要的是这次青年大会的代表是不分宗教，不分人种，不分职业，不分党派，包括教堂、学校、矿山、工厂、农场、工会里的青年，以及各地其他青年团体所推选的代表，换句话说，也可以说是美国青年运动联合阵线的成功。而且选举是用民主制度，先由各城镇开大会选举，然后再由各地推派到大会里来。该会是在底特律城举行，所以该城的委员会比各区的委员会尤为繁忙，于是特在该城组织一个规模较大的委员会，称为"七十六人委员会"，主持一切。在七月四日这一天，在底特律举行大会外，并举行青年大示威运动，随后又接连开了三天的各组会议，晚间举行各种游艺会。这大会所决定的议案并非徒托空言，却由各区的"继续委员会"（Continuation Committees or Councils）积极推行，同时唤起全国青年来积极参加。

美国原无所谓青年运动，在"繁荣"时代，青年们只是各有各的发财思想，在经济恐慌初期，还只是各以个人的立场谋自身问题的解决，直至数年来资本主义社会的内部矛盾日益尖锐化，才震动了全国青年的心弦，一天天觉悟起来，知道这非用集体的力量来谋集体的解决，于是要求"社会的和经济的正义"的青年运动便渐渐地汹涌起来了。所以有人说，像这次美国青年在底特律开的青年大会才是美国的真正的青年运动的信号！这句话是否正确，可分析他们这次大会的目的和主张，知道大概。我深信美国的青年运动不但和美国的将来有着密切的关系，就是和世界的将来，也有着重要的影响，所以很值得我们的注意。

美国青年大会的主要目的有三：（一）唤起青年自己的注意，由青年自己集合起来研究美国青年在今日所遇着的重要问题，再由彼此自由交换理想和意见，决定实行的程序，期望解决这种种问题。（二）执行所决定的程序，使在行动上表现出来，同时使全美国的青年对此事加以深切的注意；这样执行的责任，由本会的各区"继续委员会"以及其他种种附属机关担负起来。（三）巩固一切青年的联合，无论是犹太人或异教徒，天主教徒或清教徒，黑人或白人，本地生的或是外国生的，乃至美国的青年和其他地方的青年，劳动阶级和中等阶级的青年——他们的问题往往互有关联，在许多地方简直有完全相同的。此外，美国青年大会是积极同情少数民族的；虽则在一方面在习惯和理想上是含着美国的特色，但是却要坚决地反对狭义的国家主义，热烈地拥护一切民族平等的国际主义。我们如再对这三个主要目的加以相当的研究，便知道第一目的显然是注重青年用集体的力量来解决青年的切身问题；第二目的是注重实行，注重行动而不以空言为满足，而且要唤起全国青年来共同实行；第三目的是主张全国青年的大团结，并且要和别国青年共同携手奋斗；至于宣言反对狭义的国家主义，热烈拥护各民族平等的国际主义，那显然是对于侵略的帝国主义提出了抗议。帝国主义国家的下一代的主人公在思想上有着这样的动向，这不是很值得我们注意的吗？

目的还比较地抽象，请再进一步看看他们的主张。（一）用有组织的示威行动来反抗战争。他们知道帝国主义的侵略战只是替"贪得利润永不厌足的独占者"，军火商人，以及他们的走狗们巧取豪夺罢了。他们以为反战不应等到战争已经来时才反对，必须在现在就用有组织的示威行动来反战，例如群众大会、示威游行和其他集体的行动等等都是。这样一来，能使备战的人们知道青年们——备战者视为将来炮灰的青年们——对于反战态度的坚决。此外对于军火工业的工人罢工，也要予以有力的拥护，对于青年集中营（所谓C. C. C.）的军事训练也要极力反对（这是帝国主义预备侵略战用的，这和中国反抗侵略的军事训练当然又当别论）。（二）反对法西斯主义。美国资本主义社会的内在矛盾日益尖锐化以来，劳工阶级的反抗力量也一天天膨胀起来，于是资产阶级的压迫也一天天厉害起来，戴着假面具的法西斯主义运动也渐渐地露头角了，这和青年们的文化前途及思想前途都有残害的危机，所以他们也要唤起全国青年的特别注意，用集体的力量来反抗。（三）要求工农界工作青年生活的改善。他们主张工人有自由权利加入他们自己所选定的工会，用"集体交涉"争取工人生活的改善，反对一切政府的机关每遇劳资争执时总站在雇主方面来压迫工人。此外并要求政府对青年亦须有失业保险。反对雇用童工，也是其中的一项要求。最后关于教育方面，要求增加教育经费，要求学校师生的思想自由。（四）坚决主张一切人种，一切民族，在政治和社会方面都立于平等的地位，造成美国国家大部分基础的黑种人——劳工阶级——也包括在内。该会特别指出美国"宪法"所保障的人民对于言论、出版、结社自由的权利，反对对于这种权利的任何方式的损害或减少。该会要极力保持一切人民都应享受的公道、平等和良好的生活。他们认为这种权利都是一七七六年七月四日《独立宣言》（Declaration of Independence）里所郑重声明的；为着这个《独立宣言》，他们的祖宗是经过流血的牺牲的。他们所以选定七月四日开大会，也是有深意的，因为这一天正是《独立宣言》宣布的纪念日。

美国全国青年为表示对于战争和法西斯主义的抗议，在一九三五年四月十二日举行全国学生一小时罢课的广大行动，自愿参加者逾二十万人，引起全国的深刻注意，使反动派为之惊心动魄，美国青年大会也是积极进行这件事的一个重要集团。

我们谈了第二次美国青年大会的大概情形，看到代表一千三四百万青年的三四千代表所提出的主张和他们以后所要努力推动的倾向，对于美国青年运动的前途，应可得到更明了、更深刻的认识吧。

纪因和赛意还津津有味地告诉我一件事。他们说在开会最后一日的夜里，数千人正在举行一个跳舞会，以志别情，有两个会员——一白一黑——同到附近一家咖啡店去喝咖啡，但是那位黑同志被那咖啡店所拒绝，白的黑的都不服，同时和那里的店主争辩起来，说黑的也同样付钱，有何理由可以拒绝？可是人种的成见在底特律原来也是很厉害的，所以咖啡店主仍用很强硬无理的态度拒绝，置他们的抗议于不理。他们两位黑白同志于气愤之余，立刻奔回大会里报告，正在跳舞的同志们立刻动员整千的会员在那家咖啡店的前面左右列成纠察队（他们所最说得津津有味的"picket line"），不让人们进去喝咖啡，使那家店的生意大受影响。那店主赶紧报告警察局，不一会儿大队警察来了，但是警察的队伍虽大，仍远不及青年纠察队的大。纪因说得更有趣，他说在纽约的警察对于这类的大示威看得惯了，所以还能镇定应付，底特律这个地方，在这一大班青年光顾以前，根本就从来少看见过这样大队的青年在马路上示过什么威，所以他们望着莫名其妙，弄得目瞪口呆，不知所措，竟立在旁边作"壁上观"，眼巴巴地望着这许多青年们列成队伍在咖啡店门口来往梭巡着，大呼其口号！后来还是咖啡店主自己向那位黑朋友道歉，并泡好一杯咖啡给他喝，才算了事，大队才凯旋地大踏步回去。这在他们——这班热烈公正的青年同志们——认为是应该的，当然的。他们不是主张各民族都要平等吗？他们不是主张黑人在美国也应该享受平等待遇吗？他们既这样主张，所以在行动上便要这样干。纪因和赛意虽都是白种的青年，但是因为他们在思想上的转变，便深深地觉得民族是应该平等的，便很自然地认为黑人也应该享受平等的待遇，不仅是在嘴上说空话，而且是在行为上有着实际的表现。我的意思不在称赞这两位青年朋友，我所要指出的是世界上各民族——尤其是被帝国主义所压迫蹂躏的民族——要获得解放，和世界上反侵略的最前进的思潮和阵线是有着密切的联系的。为着我们民族解放的前途，我们应该加入世界上侵略的思潮和阵线呢，还是应该加入世界上反侵略的思潮和阵线呢？这在略有常识的人们应该是不成问题的，但在事实上却仍有人要故意往死路上跑，这是很可痛心的事情；这种人的迷梦，是我们所要设法唤醒的啊！

　　写于一九三七年一月至三月江苏高等法院看守分所